가짜 뉴스와의 전쟁

상드라 라부카리 글 | 자크 아잠 그림
권지현 옮김

다림

차례

오래전부터
존재했던 가짜 뉴스   6

1장
뉴스가 뭐예요?

뉴스와 유언비어	8
다양한 미디어	10
기사 쓰기	12
왜 뉴스를 알아야 하죠?	14
미디어가 뭐예요?	17
기자는 무슨 일을 하나요?	20
뉴스가 뭐예요?	23
〈하루에 한 질문〉 프로그램은 어떻게 만드나요?	26
라디오는 누가 발명했나요?	29
뉴스는 어디에서 오나요?	32
기자는 어떻게 정보를 모으나요?	35
기자는 어떻게 취재를 하나요?	38
여론 조사는 왜 하나요?	41

2장
가짜 뉴스가 뭐예요?

패러디	44
음모론	46
유명한 음모론	48
가짜 연대와 유언비어	52
뉴스일까, 광고일까?	54
진짜와 가짜를 어떻게 구분하나요?	56
가짜 뉴스가 뭐예요?	58
유언비어가 뭐예요?	61
광고는 왜 하나요?	64
광고는 누가 발명했나요?	67

3장

사실 확인하기

보도 사진	70
사실 대 관점	72
진짜 사진과 가짜 캡션	74
사진이 진짜인지 어떻게 확인하나요?	76
에스엔에스가 뭐예요?	78
유튜브는 어떻게 사용하나요?	80
뉴스에 나오는 사진과 영상은 어디에서 얻나요?	82
사진은 누가 발명했나요?	85
인터넷이 왜 위험한가요?	88
구글은 언제 생겼나요?	91
페이스북은 누가 만들었나요?	94
페이스북은 왜 만 14세 이상만 가입할 수 있나요?	97
사생활이 뭐예요?	100
유튜버도 직업인가요?	103

4장

정보 보호하기

자유롭기 위한 규칙	106
기자의 권리와 의무	108
가짜 뉴스와의 전쟁	110
표현의 자유가 뭐예요?	112
왜 어떤 나라에는 언론의 자유가 없나요?	115
초상권이 뭐예요?	118
개인 정보 보호가 뭐예요?	121

쏙쏙 용어 사전   124

오래전부터 존재했던 가짜 뉴스

가짜 뉴스의 뜻

 **가짜**
사실이나 진실이 아닌 거짓

➕

 뉴스
소식 혹은 보도

🟰

 가짜 뉴스
뉴스의 형태를 띠고 있지만, 사실이 아닌 거짓 뉴스

'교묘하게 조작된 속임수 뉴스' 또는 '허위 조작 정보'라고도 해요.

거짓말로 전쟁 이기기

중국 춘추 시대의 전략가 손무는 전쟁에서 이기려면 그럴듯한 거짓말을 해야 한다고 말했어요. 진짜 같은 가짜 정보를 만들어 내야 한다고 했지요. 그는 그 방법을 자신의 책인 《손자병법》에 소개했어요.

기원전 6세기 ➡️➡️➡️ **16세기**

후보자 깎아내리기

로마에서 새로운 교황을 뽑을 때였어요. 시인 피에트로 아레티노가 교황 후보자들에 대해 엉터리 거짓말로 시를 지었어요. 자신이 지지하는 후보 딱 한 명만 빼고요. 아레티노는 이 거짓말로 지은 시를 모든 사람이 볼 수 있도록 마을 동상에 붙였어요.

조심해요!
'진짜' 가짜 뉴스일까요? '가짜' 가짜 뉴스일까요?

가짜 뉴스라는 표현은 지나치게 많이 사용되고 있어요.
어떤 정보가 마음에 들지 않아도 '가짜 뉴스'라고 부르거든요.
친구가 한 말이 사실이지만 기분이 나쁠 때 "거짓말하지 마!"라고 반응하는 것과 비슷해요.

기자들의 허풍

17세기와 18세기에 프랑스에서 '누벨리스트'라고 불렸던 기자들은 파리의 공원에 있는 크라쿠프의 나무 밑에서 시사 문제를 논평했어요. 그들은 큰 인기를 누렸지만 사실 그들이 말하는 사건들은 다 거짓이었어요. 허풍을 떨었던 것이지요.

18세기 → **20세기** → **21세기**

2016년 미국

투표권을 가진 미국인 두 명 중 한 명은 미국 페이스북에서 도널드 트럼프 후보에게 유리하게 작성된 가짜 뉴스를 봤어요. 사람들은 그 가짜 뉴스를 보고 트럼프에게 투표했을까요?

아이들의 손을 자르는 야만인

제1차 세계 대전이 터졌을 때, 프랑스의 우편엽서와 시사만화에는 여자와 아이들의 손을 자르는 독일인이 등장했어요. 하지만 그건 가짜 뉴스였어요. 프랑스의 적인 독일군이 끔찍한 짓을 저지른다고 선전하면 전쟁을 정당화하기 더 쉬웠으니까요.

교황, "트럼프에게 투표하세요!"

1장 뉴스가 뭐예요?

뉴스와 유언비어

사실과 의견의 차이점은 무엇일까요?

뉴스란?

사실이에요.

"지난주에 오스트레일리아에서 공룡 화석이 발견됐어요."

먼저 기자들이 사람들의 관심을 끌 만한 **사실을** 골라요.

독자   청취자   시청자

그리고 확인해요.

참고 도서, 백과사전, 사전

인터넷 전문 사이트   고생물학자(전문가)

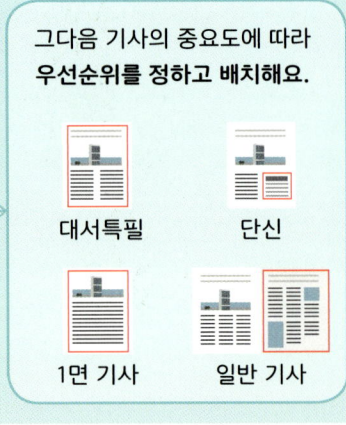

그다음 기사의 중요도에 따라 **우선순위를 정하고 배치해요.**

대서특필   단신

1면 기사   일반 기사

이해가 분명히 되도록 **명쾌하게 설명해요.**

독자   청취자

시청자

유언비어란?

정말 벌어졌는지는 모르지만 많은 사람이 이야기하는 일이에요.

내 친구가 그러는데…….

그런 것 같더라.

내가 어디서 들었는데…….

하지만 '어디서'가 어디인지, 그 '친구'가 누구인지, 정확한 출처는 알 수 없어요.

내가 어디서 들었는데, 오스트레일리아에 공룡이 살았대.

단서

뉴스가 확실하지 않을 때란?

'아마도', '어쩌면' 등 의심을
나타내는 말이 있을 때

오스트레일리아에서 발견된 공룡은
아마도 새로운 종에 속할 거예요.

오스트레일리아에서 공룡이 발견되었지만,
그 공룡이 새로운 종인지는 아직 알 수 없다는 말이에요.

'~일 것이다.'라는
모호한 말로 끝날 때

오스트레일리아에서 발견된 화석은
공룡 화석일 거예요.

오스트레일리아에서 화석이 발견되었지만,
그 화석이 공룡의 화석인지는 아직 확실하지 않다는 말이에요.

믿다

= 증거는 없지만, 사실이라고 생각해요.

알다

= 증명될 수 있는 사실을 아는 것이에요.

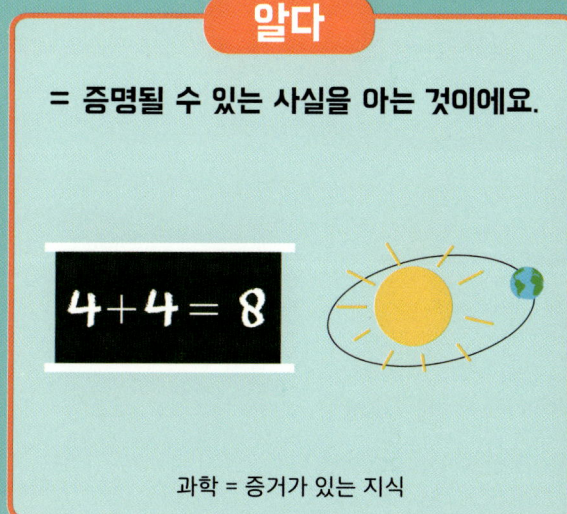

과학 = 증거가 있는 지식

사실 대 의견

사실 = 사건

"2016년에 도널드 트럼프 후보가
미국 대통령으로 당선되었어요."

의견 = 사건에 대해 가진 생각

"여론 조사에 따르면, 미국인 열 명 중 네 명은
도널드 트럼프가 좋은 대통령이라고 생각해요."

다양한 미디어

미디어는 신문, 잡지, 라디오, 텔레비전, 인터넷 등 정보를 전송하는 매체를 말해요.

한국의 미디어

많은 미디어 = 뉴스를 얻을 수 있는 다양한 출처 = 활발한 민주주의의 신호

텔레비전

뉴스 전문 채널

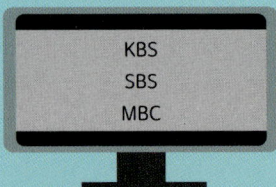
YTN
연합뉴스
서울경제TV

지상파 채널

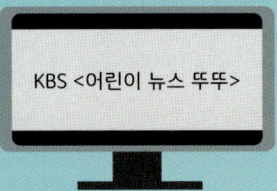
KBS
SBS
MBC

어린이를 위한 뉴스

KBS <어린이 뉴스 뚜뚜>

라디오

KBS 제1라디오
MBC 표준FM
TBS 교통 방송
YTN NEWS FM

정기간행물(잡지)

잡지는 일반적인 주제를 다루는 **종합지**와 전문적인 분야를 다루는 **전문지**가 있어요.

신문

일간지
매일 발행해요.

경향신문
조선일보
한겨레
일간스포츠

주간지
일주일에 한 번 발행해요.

시사IN
한겨레21
주간동아
시사저널

격주간지
한 달에 두 번 발행해요.

위클리비즈
동아비즈니스리뷰

월간지
한 달에 한 번 발행해요.

신동아
월간중앙
르몽드디플로마티크 한국어판
이코노미 인사이트

격월간지
두 달에 한 번 발행해요.

민들레

계간지
일 년에 네 번 발행해요.

사람과 언론

| **독점** | = | 한 기업이 많은 미디어를 소유하는 것을 말해요. |

정보를 얻고 싶은 우리에게 선택권이 많지 않아요. 한 기업이 소유한 미디어들은 다 비슷하니까요. 몇몇 사람이 독점한 언론은 자유롭지 못할 수 있어요.

| **편집 방향** | = | 신문의 정체성을 결정해요. |

신문사는 매일 독자에게 가장 중요하다고 생각되는 사건을 골라서 기사를 내요.

가장 중요한 사건은
신문사마다 달라요.

같은 사건, 다른 제목
예 프랑스에서 개최되는 투탕카멘 특별 전시회

어린이 신문 **경제 신문** **일반 신문** **어린이 신문** **경제 전문지**

교실에서 수업을 위해 휴대 전화 사용을 허용한 초등학교

중국, 프랑스 항공기 구매

고등학교 교육 개혁 주요 정책

투탕카멘은 누구일까요?

투탕카멘 전시회 입장권 판매 최고 기록 경신

지역 신문 **스포츠 신문** **문예지** **일반 신문** **연예지**

가뭄에 농민들의 한숨 깊어져

월드컵 준비하는 국가 대표팀

〈해리 포터〉 시리즈, 그 성공의 이유

투탕카멘의 보물을 볼 수 있는 마지막 기회

인기 배우, 투탕카멘 전시회에 가다

   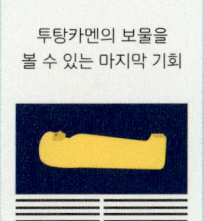 

무료 신문

무료로 뉴스를 제공하는 신문과 인터넷 사이트들이 있어요. 신문사와 사이트 운영 기업은 광고 수익으로 돈을 벌어요.

장점
무료예요.

단점
광고가 많아요.

유료 신문

신문사는 주로 신문을 팔아서 돈을 벌어요.

장점
광고가 적어서 기사를 더 많이 실어요.

단점
돈을 내야 해요.

잡지에는 광고가 조금 실려요. 잡지사는 광고와 잡지 판매 수익으로 돈을 벌어요.

장점
광고가 적어서 기사를 더 많이 실어요.

단점
돈을 내야 해요.

기사 쓰기

신문, 텔레비전, 인터넷 등에서 기사를 쓸 때에는 여섯 가지의 질문, 즉 육하원칙에 답할 수 있어야 해요.

육하원칙

누가	사건을 일으킨 당사자나 사건의 주체	
언제	사건이 일어난 때	6월 12
어디서	사건이 일어난 장소	
무엇을	사건을 일으킨 당사자가 한 일, 사건의 내용	
어떻게	사건이 일어난 방법이나 사건의 특징, 사건에 관계된 기타 내용	
왜	사건이 일어난 까닭이나 그 사건의 목적	

취재원

기자는 기사를 쓰기 전에 인터뷰를 해요.

전문가
다루어진 주제를
아주 잘 아는 사람이에요.

증인
사건을 목격한 사람이에요.
하지만 증인은 전문가가 아니에요.

정치인, 기업인, 단체장
기자에게 자신들의 행동과 관점을
자세하게 설명하는 보도 자료를 발표해요.

기사에서 취재원의 말은 큰따옴표 안에 들어가요.
취재원의 생각은 '~에 따르면'이라는 말로 표시되어요.

취재원이 많을수록 중요한 주제예요.

기자도 틀릴 수 있어요

서두르다가
특종만 쫓다가 제대로 확인하지 않고
서둘러 뉴스를 내보내기 때문이에요.

잘못된 취재원 때문에
기자는 취재를 하면서 여러 사람을 인터뷰해요.
그런데 인터뷰 상대가 잘못된 정보를 줄 수 있어요.

힐러리 클린턴 후보, 대통령 당선

정보를 잘못 이해하거나 과장해서

잘못된 정보

올바른 정보

정정 보도

잘못된 정보를 보도한 경우, 기자는
자신이 실수했다는 사실을 인정하고
신속하게 실수를 바로잡아야 해요.
이는 기자의 윤리 강령에 나오는 의무예요.

왜 뉴스를
알아야 하죠

❓ ❓ ❓

라디오, 신문, 인터넷, 텔레비전 등 뉴스를 접할 수 있는 방법은 많아요.

뉴스를 들으면 우리 주변, 우리가 사는 도시, 우리나라 그리고 전 세계에서 어떤 일이 벌어지는지 알 수 있어요.

그걸 알아서 뭘 하냐고요?

우선, 위험을 예방할 수 있어요.

사고나 태풍, 테러 같은 일들이 일어났을 때 말이에요.

태풍에 관한 뉴스를 들었다면
집 밖에 나가지 않을 거예요.
그럼 위험한 상황을 피할 수 있지요.

뉴스를 들으면 자연과 지구 등
우리를 둘러싼 환경에 대해서 더 많이
배울 수 있어요. 지식을 쌓는 것이지요.

예를 들어, 우주 비행사에 관한 뉴스를 꾸준히 보면
국제 우주 정거장의 생활과 우주에서 본 지구의 모습,
무중력 상태 등에 대해 배울 수 있어요.

또, 스포츠 경기나 전쟁 등 우리나라뿐 아니라 전 세계에서 벌어지는 일들을 알 수 있어요. 시사를 이해할 수 있지요.

우리가 사는 사회와 국가가 어떻게 돌아가는지 더 잘 알 수 있어서 좋은 시민이 될 수도 있고요.

하지만 우리가 듣는 뉴스가 진짜인지 항상 주의를 기울여야 해요. 진짜 뉴스도 있지만……

전문가들이 확인하지 못한 뉴스도 있거든요. 특히 에스엔에스(SNS)와 인터넷에 가짜 뉴스가 많아요. 진짜 언론이 아닌 것이지요.

올바른 뉴스를 접하면 시사 문제에 관한 자신의 의견을 가질 수 있고, 다른 사람과 의견을 나눌 수 있답니다.

미디어가 뭐예요

신문, 잡지, 라디오, 텔레비전, 인터넷 등
뉴스를 대중에게 전달하는 물체나 수단을 말해요.

미디어는 뉴스를 다루는 방식에 따라서 여러 종류로 나뉘어요.

신문, 잡지 등과 같이 뉴스를 글로 적고 사진을 넣어 종이에 인쇄된 형태로 내보내는 것을 인쇄 미디어라고 해요. 그리고 이를 읽는 사람을 독자라고 하지요.

라디오를 통해 소리 형태로 뉴스를
내보내는 것은 음성 미디어라고 해요.
이를 듣는 사람을 청취자라고 하고요.

텔레비전을 통해 소리와 영상으로
뉴스를 내보내는 것은 영상 미디어라고 해요.
이를 듣고 보는 사람은 시청자라고 하지요.

요즘에는 신문과 잡지, 라디오, 텔레비전에
나온 뉴스를 인터넷을 통해서도 볼 수 있어요.

뉴스를 인터넷으로만 내보내는
온라인 신문도 생겼지요. 그 뉴스를
읽고 보는 사람은 인터넷 사용자라고 해요.

인터넷 사용자는
소셜 미디어를 통해
뉴스를 공유하고
자유롭게 얘기를 나눠요.
대표적인 소셜 미디어로
트위터나 페이스북이 있지요.

이처럼 다양한 미디어 덕분에 하루 24시간 내내 전 세계 소식을 들을 수 있어요.

그런데 뉴스는 누가 만들까요?

주로 기자들이 뉴스를 써요.
사건을 관찰해서 그 내용을 적는 것이지요.

기자들은 뉴스를 쓰기 전에 자료를 찾고, 설명을 찾고, 찾아낸 답을 확인해요.

그 후에 텔레비전, 라디오 등 자신이 일하는 미디어에 적합한 형태로 기사를 쓰지요.

기자는 무슨 일을 하나요 ???

다양한 주제에 대한 정보를 시민에게 알리는 일을 해요.

정치, 영화, 환경, 과학, 스포츠 등 여러 가지 주제를 다루지요.

기자는 신문이나 잡지, 라디오, 텔레비전, 인터넷 사이트에서 일해요.
동시에 여러 매체에서 일하기도 하고요.

그럼 기자는 하는 일이 많겠네요?

맞아요. 기자는 텔레비전에서 뉴스를 소개하기도 하고, 기사를 쓰거나 다양한 사람을 인터뷰하기도 해요. 기자들로 이루어진 팀을 지휘하기도 하지요.

하지만 어떤 일을 하더라도 일하는 방식은 늘 같아요.
정보를 찾고 확인한 다음에 대중에게 알맞은 방식으로 정보를 전달하지요.

어린이와 어른에게 정보를 전달하는 방식이 같을 수는 없겠지요?

기자는 기자증을 보여 주고 박물관이나 전시장에 쉽게 들어갈 수 있어요. 그래야 정보를 더 빨리 얻을 수 있으니까요.

기자는 대부분 신문 방송학을 공부했어요.
하지만 기자라는 직업은 늘 변하고 있어요.

소프트웨어, 웹 사이트, 에스엔에스, 앱 등
새로운 도구의 사용법을 배워야 해요.

기자는 자신이 중요하다고 생각하는 것을
말할 권리가 있어요. 이를 '언론의 자유'
또는 '표현의 자유'라고 해요.

그래서 취재를 마친 기자가 유명인이나 기업이
연관된 스캔들도 세상에 공개할 수 있는 거예요.

이제 기자들의 역할이
왜 중요한지 알겠지요?
기자가 있어야 우리가
새로운 정보를 얻을 수 있고,
여러 가지 주제에 대해
자유롭게 의견을 가질 수 있어요.

뉴스가 뭐예요

신문이나 방송에서 알려 주는 새로운 소식,
또는 그런 소식을 전해 주는 방송 프로그램을 말해요.

뉴스를 글로 써서 발행하는 것은 신문이라고 해요.

신문을 발행하는 신문사는 언론 그룹에 속해 있어요.
신문은 종이에 인쇄되어요.

신문을 파는 곳에 가 보면
컬러 또는 흑백으로 인쇄된
다양한 신문과 잡지를 볼 수 있어요.

2018년 한 해 동안 프랑스에서는 30억 부의 신문이 팔렸어요.

신문과 잡지의
공통점은 무엇일까요?

뉴스가 글로 쓰였다는 것이지요.
그것을 '기사'라고 불러요.

기사에는 사진, 도표, 만화가 덧붙여지기도 해요.

기사는 '면'으로 구분되어요.
스포츠, 사회, 과학, 정치, 패션 등으로요.
면의 이름은 신문 각 면의 맨 위에 적혀 있어요.

신문은 발행 주기에 따라 종류가 나뉘어요.
일간지는 매일 발행되고, 주간지는 일주일에 한 번,
월간지는 한 달에 한 번 발행되어요.

또 독자에 따라 나뉘기도 해요. 어린이, 같은 지역에 사는 주민, 여성 등 똑같은 주제에 대해 관심이 많은 사람을 위한 신문이 다 따로 있어요.

신문 제작을 위해 여러 기자들이 모여 일하는 곳을 '편집국'이라고 해요. 편집국에서는 다룰 주제를 정하고 기사를 쓴 다음에 신문을 편집하지요.

편집국의 목표는 하나예요.
독자에게 새로운 정보를 주고, 독자의
흥미를 불러일으킬 만한 주제를 찾는 것이지요.
그래야 독자들이 신문을 계속 볼 테니까요.

<하루에 한 질문> 프로그램은 어떻게 만드나요

<하루에 한 질문>은 프랑스 공영 방송과 밀랑 출판사가 함께 만드는 어린이 방송 프로그램이에요. 일주일에 한 번씩 만들어서 방송해요.

먼저 뉴스를 이해하는 데 도움이 될 만한 질문들을 골라서 담당 기자에게 주어요.

그럼 기자는 질문에 관련된 정보를 확인하고, 어떤 방식으로 답을 전달할지 고민해요. 그다음 방송을 볼 어린이들이 쉽게 이해할 수 있도록 원고를 쓰지요.

애니메이션도 나오던데요?

기자가 원고를 쓰면 나머지 팀원들이 그 원고를 바탕으로 방송을 만들어요.

먼저 성우가 원고를 읽고 녹음을 해요.

만화가는 원고를 재미있게 소개하는 열세 개의 만화 컷을 그려요.

성우의 목소리와 만화가 완성되면 애니매틱 과정을 시작해요. 만화를 영상으로 만들기 전 동작이나 동선을 그려 보는 작업이에요.

그럼 애니메이터가 애니매틱 작업에서 들어간 지시 사항을 보고 그림을 움직이게 만들지요.

그다음에는 편집자가 모든 애니메이션을 이어 붙여요. 방송으로 나갈 애니메이션의 시간을 조정하지요.

하지만 아직 끝이 아니에요. 음향이 들어가지 않았거든요. 음향 담당자가 애니메이션 곳곳에 소리를 넣어요. 그러면 더 생동감 있는 방송이 만들어져요.

마지막으로 영상 전문가가 지금까지 완성된 결과물을 모두 모아서 기술적으로 완벽한 방송분으로 완성해요.

이 모든 제작 과정이
아주 짧은 시간에 끝나요.
그래야 시청자들이
매일 <하루에 한 질문>을
텔레비전에서 볼 수 있으니까요.

라디오는 누가 발명했나요

라디오는 한 사람이 발명한 게 아니에요.
여러 발명가가 함께 만들어 낸 것이지요.

라디오는 전자기파의 일종인 전파를 이용해 음성 신호를 전송하는 기계예요. 이 전자기파는 1888년 독일의 물리학자 하인리히 헤르츠가 최초로 발견했어요.

프랑스의 물리학자 에두아르 브랑리는 전자기파를 이용해서 소리를 전달하는 기술을 발견했지요. 그리고 러시아의 물리학자 알렉산드르 포포프는 세계 최초로 라디오 안테나를 발명했어요.

그렇다면 라디오는 어떻게 발명되었을까요?

호기심과 창의력이 넘쳤던 이탈리아의 물리학자 굴리엘모 마르코니 덕분에 발명되었답니다.

당시 이십 대 초반이었던 마르코니는 그동안 발명된 여러 기술을 바탕으로, 전파로 먼 거리에 메시지를 보낼 수 있는 무선 통신 장비를 개발했어요.

그는 1897년 세계 최초로 무선 전신 회사를 설립하고, 계속해서 라디오 기술을 연구했지요.

프랑스에서는 1921년에 최초로 라디오 방송이 시작되었어요. 에펠탑에 설치된 송출기에서 라디오 정규 방송이 나갔지요.

우리나라는?

우리나라에서는 1927년 2월, 경성방송국에서 최초의 라디오 방송이 시작되었어요.

그렇게 해서 게임, 토론, 드라마, 스포츠 경기, 광고 등 다양한 라디오 방송이 시작되었어요.

라디오는 전쟁이나 재앙이 닥쳤을 때 강력한 힘을 발휘했어요. 모든 사람에게 뉴스를 전했으니까요.

텔레비전과 인터넷이 등장하면서 라디오의 영향력은 많이 약해졌어요. 하지만 라디오는 사라지지 않고 계속 진화하고 있어요.

그 예로, 라디오 방송을 들으면서 진행하는 모습을 영상으로도 볼 수 있는 '보이는 라디오'가 있어요.

또 인터넷에서 라디오 방송을 24시간 내내 들을 수 있고, 다운로드도 받을 수 있어요. 라디오는 앞으로도 사라지지 않을 거예요.

뉴스는 어디에서 오나요

우리는 텔레비전이나 라디오, 신문을 통해 매일 새로운 뉴스를 보고 있어요.

기자들은 매일 새로운 뉴스거리를 찾기 위해 현장에 나가요. 그리고 여러 사건들을 관찰하고, 증인들을 인터뷰하면서 취재를 해요.

현장에 직접 나가지 않을 때에는 취재원에게 정보를 얻어요.

그런데 그 취재원은 누구일까요?

주요 취재원은 통신사예요.
통신사는 뉴스나 자료를 수집해서 신문이나 방송 등 미디어에 정보를 제공해 주는 일을 하는 곳이에요.

통신사의 기자들은 밤낮으로 전 세계에서 벌어지는 일을 살펴봐요. 그리고 어떤 사건이 터지면 바로 현장으로 달려가서 취재를 하고 여러 미디어에 뉴스를 전하지요.

언론 담당자들도 기자들에게 정기적으로 정보를 줘요.

기자들은 특종을 잡기 위해 인맥을 활용하기도 해요.

기자들은 전문 분야에 따라서
과학자, 판사, 경찰, 정치인 등 인맥이 달라요.

페이스북, 트위터, 인스타그램 같은
에스엔에스에서 정보를 얻을 때도
있어요.

하지만 사람들은 에스엔에스에 남을 웃기려고 혹은
자신이 돋보이려고 거짓말을 하곤 해요. 또 내용을
제대로 확인하지 않고 글을 써서 실수하기도 하지요.

그래서 기자는 자신이 가진 정보를
신뢰받는 전문가에게 확인해요.
다른 기자들에게 물어보기도 하고요.

기자는 내용에 대해 확신이 들어야
기사를 쓰기 시작해요.

기자는 어떻게 정보를 모으나요 ❓❓❓

2017년 8월에 프랑스의 보발동물원에서 새끼 판다가 태어났어요.
기자는 관련 정보를 얻기 위해 취재를 시작해요.

먼저 인터넷에서 주제에 관한 자료를 모아요. 하지만 아무 사이트에나 들어가는 게 아니에요.

↓ 인터넷

믿을 수 있는 사이트, 공식적인 사이트나 전문 사이트에 들어가야 해요. 가짜 뉴스에 주의해야 하니까요.

가짜 뉴스 ↓

기자는 자료실 사서에게 도움을 청할 수도 있어요.
사서는 주제와 관련된 책을 찾아 주고,
찾은 책들 중에서 좋은 책을 골라 줘요.

자료를 모은 다음에 현장으로 출발해요.
동물원에서는 관람객을 인터뷰하고
판다를 돌보는 동물원 직원들을 만나요.

판다를 연구한 과학자 등 전문가들도 인터뷰해요.

다양한 의견을 알아보기 위해
더 많은 취재원을 확보하려고 하지요.

기자가 현장에 가지 못할 때엔
어떻게 할까요?

그럴 때에는 통신사의 도움을 받아요.
통신사에는 밤낮으로 전 세계에서
벌어지는 일을 살펴보는
기자들이 일하고 있지요.
어딘가에서 무슨 일이 일어나면
통신사의 기자들이 알려 줘요.

또, 기자들은 기업으로부터 보도 자료를 받아요.
기업이 자신의 활동을 알리기 위해
작성한 정보를 주는 것이지요.

기자가 아는 모든 사람의 연락처가 적힌 수첩과
에스엔에스도 취재원이 될 수 있어요.
하지만 에스엔에스는 조심해서 활용해야 해요.

정보를 모두 모은 다음에는
정보를 분류하고 확인해요.

기자가 정보에 확신이 서면 기사를 쓰기 시작해요.
"8월 4일에 태어난 판다 위안멍을 만나 보세요!"

기자는 어떻게 취재를 하나요❓❓❓

2016년에 국제탐사보도언론인협회가 '파나마 문건'에 관해 보도했어요.
이 사건이 폭로되자 세상이 떠들썩해졌지요.

파나마 문건

파나마 문건에는 세금을 적게 내기 위해 재산을 숨긴 기업과 유명인 등 수만 명에 달하는 사람들에 관한 정보가 들어 있었거든요.

국제탐사보도언론인협회와 전 세계 80개국의 기자 400여 명이 함께 일하면서 정보를 교환했기 때문에 1여 년 만에 취재 결과를 발표할 수 있었어요.

기자 약 400여 명

80개국

그런데 기자들은 보통
어떻게 정보를 얻을까요?

보통 여러 전문가를 직접 만나서 정보를 얻어요.
이렇게 정보를 얻기 위해서 먼저 많은 책을
읽으며 다양한 주제에 대해 깊이 알아야 해요.

기자는 날카로운 질문을 던질 줄
알아야 하고, 그 질문에 답을 해 줄
적절한 자료와 증인을 찾아내야 하거든요.

때로는 비밀 정보가 누설되어 기자에게 전해지기도 해요.
파나마 문건도 그렇게 폭로되었지요.

기자들이 한 제보자를 통해서 파나마에 있는 기업이 가지고 있던
재산을 숨긴 기업, 유명인 등의 이름과 비밀 계좌 정보를 받았거든요.

하지만 증거도 없이 뉴스를 내보낼 수는 없어요. 기자들은 비밀 문건에 적힌 이름과 계좌 정보를 일일이 확인했어요.

기자는 반드시 취재원을 보호해야 해요. 비밀 정보를 전해 주는 사람의 개인 정보가 노출되어 해를 당하지 않도록 말이에요.

그래서 파나마 문건 사건에서도 누가 기자들을 도와주었는지 아무도 몰라요.

2015년에 이 익명의 제보자는 1150만 건이 넘는 문서를 기자들에게 전해 주었어요. 이것이 거대한 스캔들의 시작이었지요.

여론 조사는 왜 하나요

'여론'이란 한 사회의 구성원들이 가지고 있는 공통된 의견을 말해요.

여론 조사를 할 때에는 특정한 주제에 관해 어떻게 생각하는지 물어보는 방식을 사용해요.

예를 들면, 선거 후보자나 방송 프로그램에 대한 의견을 물어볼 수 있어요.

조사 결과는 특정한 시점에 국민이 가지고 있는 의견을 알 수 있게 해 주어요.

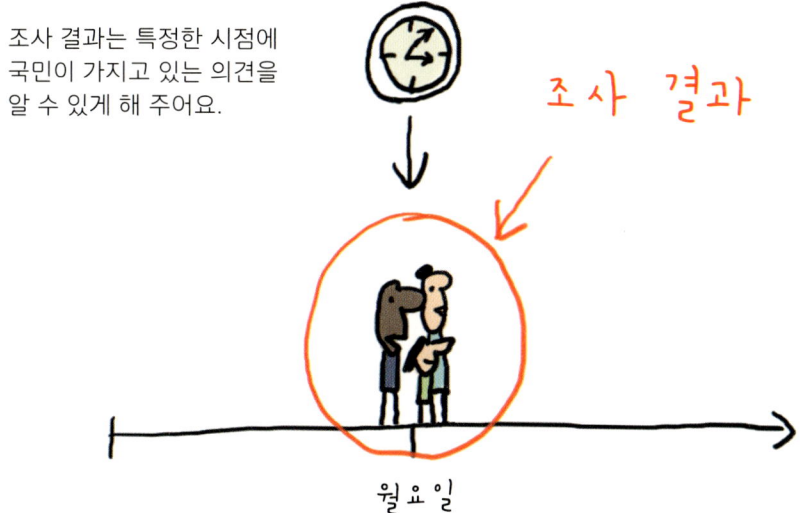

조사 결과는 신문이나 텔레비전으로 발표되고, 사람들에게 큰 영향을 줄 수 있어요.

하지만 조사 결과를 지나치게 믿어서는 안 된다는 비판도 받아요. 조사 방법에 따라 결과가 달라질 수 있으니까요.

여론 조사 결과가 틀릴 수도 있어요.
여론 조사 당시, 당선될 줄 알았던 후보가 선거에서 떨어지기도 하지요.

2장 가짜 뉴스가 뭐예요?

패러디

패러디는 사실과 비슷하지만 사실을 왜곡하고 조롱해요.

프랑스의 패러디 뉴스 사이트 〈르 고라피〉

2019년 3월 15일에 〈르 고라피〉는 '정치인들, 기후와 같은 중요한 문제는 어른들에게 맡기라고 청년들에게 일침'이라는 기사를 올렸어요.

진짜 뉴스 같은 기사였어요.

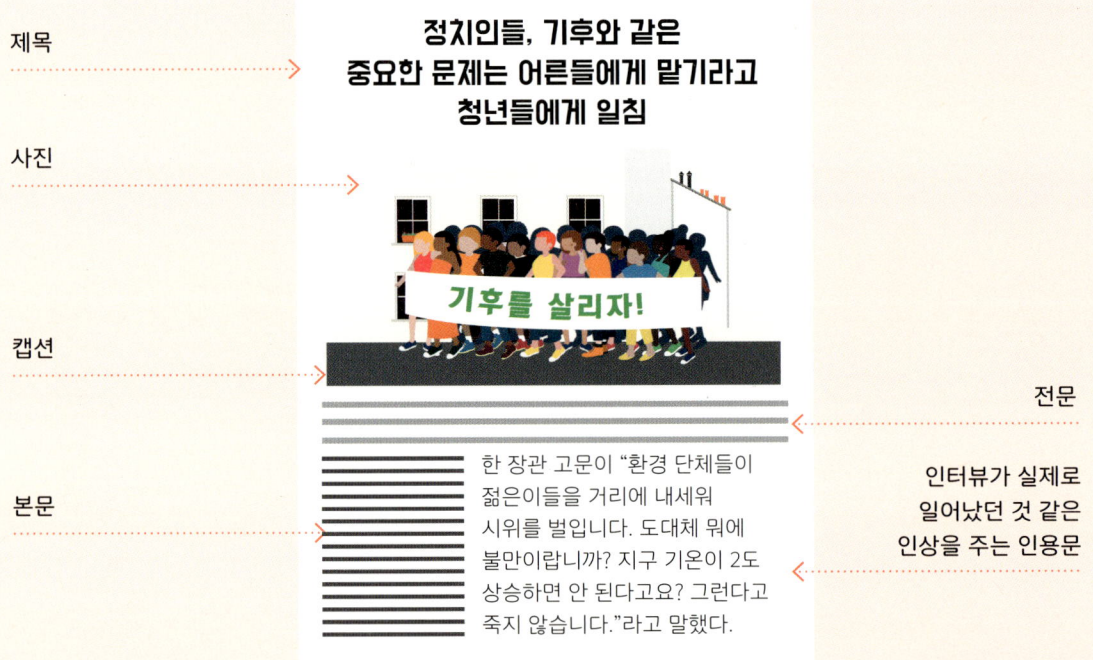

- 제목
- 사진
- 캡션
- 본문
- 전문
- 인터뷰가 실제로 일어났던 것 같은 인상을 주는 인용문

정치인들, 기후와 같은 중요한 문제는 어른들에게 맡기라고 청년들에게 일침

기후를 살리자!

한 장관 고문이 "환경 단체들이 젊은이들을 거리에 내세워 시위를 벌입니다. 도대체 뭐에 불만이랍니까? 지구 기온이 2도 상승하면 안 된다고요? 그런다고 죽지 않습니다."라고 말했다.

이 사이트는 진짜 신문을 따라 했어요.

르 고라피
로고의 색이 똑같아요.

르 피가로
똑같은 글자체를 쓰고 철자의 순서만 바꿨어요.

사건을 왜곡해요.

실제로 일어난 사건

2019년 초에 유럽의 여러 도시에서 젊은이들이 시위를 벌였어요. 지구 온난화의 위험을 각국 정부에 알리기 위해서였지요. 시위대는 정부의 행동을 요구했어요.

만들어 낸 인용 + 사건 축소

가짜

한 장관 고문이 "환경 단체들이 젊은이들을 거리에 내세워 시위를 벌입니다. 도대체 뭐에 불만이랍니까? 지구 기온이 2도 상승하면 안 된다고요? 그런다고 죽지 않습니다."라고 말했다.

진짜

2도 상승은 기후에 큰 영향을 미쳐요.

과장된 사건

지구 온난화는 매우 심각한 일인데도 이 뉴스를 접한 정치인들은 심각성을 축소하거나 경고음을 못 들은 척해요. <르 고라피>는 그런 차이를 과장해서 강조해요.

왜 그럴까요?

<르 고라피>는 패러디를 통해서 정부를 비판하려는 것이에요.

패러디라는 걸 어떻게 알 수 있나요?

- 일관성 없는 내용
- 정체를 숨기지 않는 저자

<르 고라피> 사이트의 '알아 두기'

"이 사이트의 모든 기사는 웃음을 불러일으킬 목적으로 쓴 가짜(반대 증거가 나올 때까지) 뉴스입니다. 인물이나 기업의 이름은 전적으로 풍자를 위한 목적으로 사용되었습니다."

음모론

음모론은 비밀 조직이 큰 사건을 일부러 꾸몄다고 믿게 만들어요.

음모 = 어떤 집단이 누군가에게 해를 입히려고 비밀스럽게 벌인 일

기원전 44년에 로마의 원로원 의원들이 율리우스 카이사르를 암살하려고 음모를 꾸몄지요.

음모론에 필요한 재료

"너에게 거짓말한 거야."

음모론을 신봉하는 사람들은 뉴스가 거짓인 것처럼 말해요.

"비밀 조직이 다 조작한 거야."

음모론자들은 늘 세계를 뒤에서 조종하는 세력이 있다고 말해요.

"파충류 외계인들이 사람처럼 겉모습을 바꾸고 지구로 들어와 있어요!"

예시

음모론자들에 따르면, 뉴스와 정치인들은 항상 거짓말을 해요.
"마크롱 대통령이 사실 그 파충류 외계인이에요."
물론 다 헛소리예요!

"증거가 있다니까!"

음모론을 주장하는 사람들은 증거라고 하면서 흐릿한 사진 같은 것을 내밀어요.

"마크롱 대통령은 이가 날카롭고 이 사이가 벌어져 있어요."

↓

"그것이 바로 그가 파충류 외계인이라는 증거예요."

이 주장도 헛소리예요.
우연히 찍힌 사진을 증거라고 우기는 거죠.

"내가 틀렸다는 걸 증명해 봐."

= 반대 증거의 논리

음모론자는 "유니콘은 존재해. 왜냐하면 유니콘이 존재하지 않는다고 증명한 사람은 아무도 없으니까."라고 말해요.

≠

과학적 추론

↓

"주장하려면 증명하라."

↓

어떤 사건을 주장할 때에는 증거를 대야 해요.

유니콘의 존재를 증명하고 싶다면 반드시 그 증거를 찾아야 해요.

두려움

음모론은 사람들을 두렵게 해요.
두려워지면 제대로 된 판단을 내리기 힘들어요.

유명한 음모론

역사적으로 큰 사건이 벌어졌을 때마다 사람들은 음모론을 만들어 냈어요.

일루미나티

사실

1776년에 독일의 한 사상가가 만들었어요.

아담 바이스하우프트

일루미나티는 그 당시 교회와 정권이 싫어하는 진보적인 생각을 나누기 위해 비밀리에 만든 모임이었지요.

1785년에 일루미나티는 해체되었어요.

음모론자들의 주장

"일루미나티는 사라지지 않았어요. 사실 이 조직은 몰래 세상을 지배하고 있어요. 인기 연예인, 정치인 등도 이 조직의 회원이에요."

"손가락으로 삼각형을 만들거나 피라미드 형태 앞에서 연설을 하는 것이 일루미나티 회원이라는 증거예요."

이상하지 않나요?

정체를 드러내지 않으려는 비밀 조직이 왜 자신들의 상징을 사람들에게 보여 주겠어요?

달에 찍힌 최초의 인류 발자국

1969년 7월 21일

 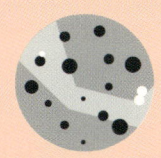

미국인 닐 암스트롱과 버즈 올드린이 달에 도착했어요. 인류가 최초로 달 표면에 발자국을 남긴 것이지요.

사실

그들은 미항공우주국(NASA)의 달 탐사 계획 아폴로11에 참여했어요.

약 6억 명의 시청자가

이 역사적인 사건을 텔레비전과 라디오 생방송으로 지켜봤어요.

그리고 40만 명이

1961년에서 1975년까지 아폴로 계획에 참여했어요.

일곱 번의 달 탐사 여행을

미항공우주국이 계획했고, 그중 여섯 번 성공했어요.

382킬로그램의 달 암석을

지구로 가져와서 연구했어요.

음모론자들의 주장

"미국이 세계에서 가장 힘센 나라라고 말하려고 영화 촬영장에서 달 착륙 장면을 찍은 거예요."

"달에 공기도 없는데 미국 성조기가 흩날렸어요."

음모론을 뒷받침하는 논리가 들어맞지 않아요.

실제로 성조기는 움직이지 않았어요. 사진에 보이는 건 흩날리는 깃발이 아니라 구겨진 성조기였어요. 접어 놓았던 국기를 펼쳤을 뿐이에요.

2001년에 벌어진 9·11 테러

사실 2001년 9월 11일에 테러리스트들이 미국에서 비행기 네 대를 납치했어요.

비행기 네 대 중 두 대는 뉴욕의 세계무역센터 빌딩에 충돌했어요.

다른 한 대는 워싱턴의 국방부 건물에 충돌했고요.

나머지 한 대는 승객들의 저항으로 펜실베이니아주의 밭에 떨어졌어요.

이 사건으로 3000명 가까이 죽었어요.

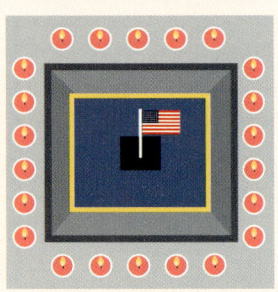

테러리스트 단체인 알카에다가 자신들이 꾸민 일이라고 주장했어요.

미국은 아프가니스탄에 있는 알카에다를 상대로 전쟁을 시작했어요.

음모론자들의 주장

"미국 정부가 아프가니스탄을 상대로 전쟁을 일으키려고 꾸민 일이에요. 준비한 프로그램대로 빌딩을 무너뜨려 미국인들을 겁먹게 한 다음, 중동을 상대로 전쟁을 일으켜 석유 매장 지역을 손아귀에 넣으려고 한 거예요."

| 테러 사건이 벌어질 때마다 등장하는 음모론 | ▶ | 테러 사건이 벌어질 때마다 음모론자들은 정부나 정보기관이 몰래 꾸민 짓이라고 주장해요. | ▶ | 받아들이고 싶지 않은 비극적인 사건을 더 단순하고 흥미롭게 설명해요. | ▶ | 그래서 많은 사람이 음모론을 믿어요. |

지구 온난화

사실 지구의 기온이 150년 동안 0.85도 상승했어요. 많이 올라간 것이지요.

결과

지구의 온도를 높이는 온실 기체 발생량을 줄여야 해요.
그러려면 우리의 생활 습관을 고쳐야 해요.

가뭄 증가

태풍 증가

자동차 말고 다른 교통수단 이용하기

해수면 상승

녹아내리는 빙하

가까운 지역에서 생산된 식품 소비하기

쓰레기 줄이기

에너지 절약하기

지구의 기온은 2100년까지 2도 이상 상승하면 안 돼요.
만약 2도 이상 상승하게 되면 기후는
우리가 적응하지 못할 정도로 변할 거예요.

음모론자들의 주장

거짓말이에요!
지구 온난화를 부정해요.

우리 잘못이 아니에요!
인간의 활동이 지구 온난화의 주범은 아니라고 말해요.

거짓말이에요!
수많은 과학적 연구를 부정하고, 증거도 없이 과학자들이 거짓말을 한다고 주장해요.

가짜 연대와 유언비어

무섭거나 슬픈 소식은 가짜라고 해도 아주 빨리 퍼져요.

가짜 연대

가짜 연대

휴대 전화와 이메일로 여자아이를 구할 수 있도록 척수와 혈액을 기증해 달라는 메시지가 왔어요.

이 메시지는 가짜예요.

이 메시지는 어떻게 퍼질까요?

사람들은 이 메시지를 다른 사람들에게 공유하면 아이를 도울 수 있다고 생각해요. 사실인지는 모르지만 말이에요.

결과

많은 사람이 척수나 혈액을 기부하겠다고 병원에 전화를 걸어요.

병원에서는 진짜 환자들을 돌보는 시간을 그만큼 빼앗기지요.

이메일이 폭증해요.

이 메시지가 가짜라는 사실이 밝혀지면 척수와 혈액을 기부하려고 했던 사람들은 배신감과 좌절감을 느껴요.

어떤 여자아이의 사진이 도용되어요.

목적

인터넷 트래픽을 높이려는 거예요.

최대한 많은 컴퓨터에 바이러스를 심으려는 거예요.

52

유언비어

가짜 메시지

흰 트럭이 아이들을 납치했다는 긴급 문자가 들어왔어요. 범인인 집시들을 벌해야 한다는 내용도 있었어요.

이것은 **가짜 메시지**였어요.
경찰은 아이들이 납치된 사건이 없다고 강조했어요.

이 문자는 어떻게 퍼질까요?

사람들은 이런 사건이 진짜 벌어진 것인지는 모르지만 자기 아이들도 그런 일을 당할까 봐 두려워 다른 사람들에게 메시지를 보내요.

에스엔에스, 휴대 전화, 인터넷으로 입소문이 더 빨리, 더 많은 사람에게 퍼져요.

흔히 볼 수 있는 흰 트럭의 사진까지 납치 증거로 보내지요.
경찰이 가짜 뉴스라고 발표했지만 유언비어보다 퍼지는 속도가 느려요.

결과

죄 없는 집시들이 저지르지도 않은 일 때문에 폭행을 당해요.

목적

출신이나 종교 등의 이유로 어떤 집단에게 해를 가하려는 것이에요.

뉴스일까, 광고일까?

뉴스는 이해시키는 것이 목적이고, 광고는 설득하는 것이 목적이에요.

알아 두기

신문에서

라디오에서

텔레비전에서

광고와 뉴스는 분리되어야 해요.

뉴스 ≠ 광고

독자, 청취자, 시청자는 광고를 광고로 알아볼 수 있어야 해요.

뉴스 = 다음을 가능하게 하는 메시지

배움을 넓힐 수 있어요.

사실을 이해할 수 있어요.

더 많이 알고 싶은 마음을 일으켜요.

광고 = 사고 싶은 마음을 일으켜요.

상품

서비스

광고 기사

광고
제품을 팔기 위한 홍보

+

기사
진짜 신문 기사처럼 보여요.

=

기업, 협회, 단체가 신문의 지면을 사서 자신들이 고른 주제에 대해 소개해요.

이것은 뉴스가 아니에요.

목적 : 특정 행동 부추기기, 판매하기, 브랜드나 기업 홍보하기

진짜와 가짜를 어떻게 구분하나요?

믿을 수 있는 뉴스를 구분하는 방법은 다음과 같아요.

자신에게 던지는 다섯 가지 질문

1. 기사나 영상을 누가 쓰고 만들었을까요?

기자인가요?
그렇다면 기자의 이름을 검색창에 쳐서 그가 쓴 다른 기사나 영상을 찾아봐요.

야후!

덕덕고

구글

콴트 주니어

빙

기사가 올라간 사이트를 알고 있나요?
그렇지 않다면 다른 사이트들도 찾아봐요.

도메인 주소

.KR — 한국 사이트를 가리켜요.

.COM — 영리를 목적으로 하는 기업이나 회사의 사이트예요.

.ORG — 비영리 목적의 기관이나 단체의 사이트예요.

.GO — 정부의 공식 사이트를 가리켜요.

소개란

회사 소개
사이트의 주인이 누구인지 정확히 표시되어야 해요.
소개란이 없다면 믿을 수 없는 사이트예요.

2. 목적이 무엇일까요?

광고
뭔가를 팔려고 하나요?

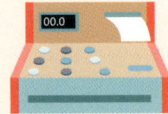

선동
어떤 후보에게 무조건 투표해야 한다고 설득하나요?

홍보
뭔가를 해야 한다고 설득하나요?

유언비어
두려움을 느끼게 하나요?

정보
모르던 주제에 대해 가르쳐 주고 생각하게 하나요?

3. 논리적인가요? 이해할 수 있나요?

음모론은 억지 주장을 할 때가 많아요.

대답은 안 하고 질문만 많이 던져요.

4. 인기만 있는 것인가요? 아니면 정말 진지한 내용인가요?

구글이나 유튜브에 검색을 해 보면 사람들이 가장 많이 본 사이트가 가장 위에 올라와요. 하지만 그 사이트가 반드시 믿을 만한 건 아니에요.

많은 사람이 봤다고 해서 그 뉴스가 진짜라는 보장은 없어요.

5. 다른 사이트에도 그 기사가 올라와 있나요?

알고 있는 뉴스 사이트에 그 기사가 올라왔는지 확인해요. 놀라운 일이 일어났을 때 그 기사가 한 사이트에만 올라가지 않으니까요.

경향신문.co.kr
대한민국 축구팀 우승!

조선일보.com
세계 챔피언 등극!

한겨레.co.kr
대한민국 축구팀 만세!

스포츠서울.com
세계 챔피언들!

스포츠한국.com
대한민국 축구팀 쾌거를 이루다!

일간스포츠.com
대한민국 축구팀 월드컵 우승!

취재원을 확인해요.

기자가 누구를 인터뷰했나요?

언급된 사람들이 전문가들인가요?

누구를 인용했나요?
누가 기자에게 정보를 주었나요?

다음과 같다면 가짜가 확실해요.

저자의 이름이 없어요.

배경 음악이 이상해요.

"당신은 속은 거야."라고 말해요.

가짜 뉴스가 뭐예요

텔레비전, 에스엔에스 등의 미디어를 통해
마치 사실인 것처럼 유포되는 거짓된 뉴스를 말해요.

거짓된 뉴스
↓
가짜 뉴스
↓

어떤 특정한 의도를 가지고
조작되거나 거짓된 정보를 유포하기도 해요.

진짜 가짜

가장 잘 알려진 가짜 뉴스는 2016년
미국 대통령 선거 당시, 프란체스코 교황이
도널드 트럼프 후보를 지지했다는 뉴스예요.

가짜 뉴스

그리고 2017년 허리케인 어마가 지나간 뒤에 마이애미 공항이 물에 잠긴 모습을 촬영한 영상도 가짜였어요. 미국 백악관마저 속아서 화제가 되었죠.

이 동영상은 오래전 폭풍우로 물에 잠겼던 멕시코시티 공항을 찍은 영상이었어요.

가짜 뉴스는 오래전부터 존재했어요. 1938년에도 어떤 배우가 라디오에서 화성인들이 지구를 침공했다고 알려서 미국인들이 겁에 질렸던 적이 있어요.

오늘날에는 에스엔에스의 힘이 워낙 강해서 가짜 뉴스의 영향이 훨씬 커졌어요.

에스엔에스에서는 확인하지 않은 뉴스를 아무나 퍼뜨릴 수 있거든요.

자유롭고 책임감 있는 시민이라면 뉴스의 출처가 인터넷인지, 아니면 다른 미디어인지 확인하는 법을 배워야 해요.

그래서 가짜 뉴스를 확인하는 신문들이 많아졌어요.

프랑스는 학교에서 학생들이 비판적인 사고를 할 수 있도록 미디어에 관한 교육을 시작했고요.

예를 들면 사진이 조작되었는지 알아보는 수업을 해요.

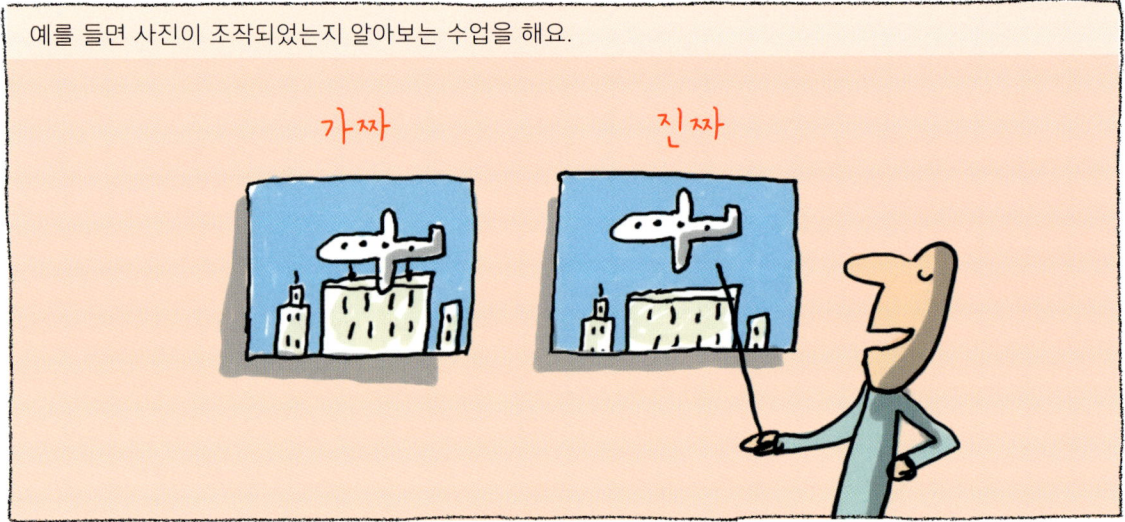

뉴스를 아무 생각 없이 무작정 믿지 말고 조심해야 해요.

우리나라는?

우리나라도 가짜 뉴스가 사회적으로 매우 큰 문제예요. 최근 코로나 바이러스 감염증-19와 관련해 잘못된 정보가 빠르게 퍼져 나가면서 많은 사람에게 혼란을 주었지요. 한국에서도 어릴 때부터 미디어 리터러시 교육을 필수로 해야 한다는 목소리가 높아졌어요.

유언비어가 뭐예요

사람들 사이에 퍼진, 확실하지 않은 소문을 말해요.

이것은 새로운 현상이 아니에요. 고대와 중세에도 유언비어가 있었어요.

유언비어는 워낙 많은 사람들에게 전달되면서 변질되거나 과장될 때가 많아요.

다른 사람들을 속이거나 조종하려고
일부러 유언비어를 만들어 내는 사람들도 있어요.

문제는 진짜 뉴스와 비슷한
유언비어를 믿고 싶어진다는 것이에요.

하지만 유언비어는 위험해요. 두려움을
증가시키고 혐오를 불러일으키기 때문이지요.

때로는 진짜 폭력으로 이어질 수도 있어요.

실제로 집시들이 어린이를 납치했다는 유언비어를
믿은 사람들이 집시들에게 폭력을 휘두르기도 했어요.
하지만 조사 결과, 집시들에게 아무 죄가 없었지요.

그래서 뉴스를 비판적으로 이해하고
올바르게 활용하는 능력을 키우는 게 중요해요.
또한, 뉴스를 믿기 전에 그 출처가 믿을 만한
것인지 확인하는 습관을 기르는 것도 중요하지요.

광고는 왜 하나요

우리는 아주 어렸을 때부터 텔레비전, 길거리, 잡지에서 광고를 보며 자랐어요.

광고는 기업이 자사의 제품이나 브랜드를 알리려고 돈을 주고 만든 메시지예요.

기업은 광고로 고객들을 끌어들이고 싶어 해요.

그런데 왜 광고를 반대하는 사람들이 있을까요?

우리 삶 속에 너무 많은 광고가 들어와 있기 때문이에요. 광고를 접하지 않는 날이 하루도 없으니까요.

광고가 별것 아니라고 생각하기 쉽지만, 사실 광고를 만드는 사람들은 우리 삶에 영향을 줄 말과 이미지를 잘 만들어 내요.

우리는 광고에 크게 관심을 기울이지 않아도 광고 메시지를 기억해요. 그러면 우리의 생각도 변하지요.

또, 광고에 나오는 사람들은 완벽한 몸매를 가졌어요. 그래서 사람들은 아름다움의 기준이 하나라고 생각하게 되지요.

더 복잡한 경우도 있어요. 예를 들어, 프랑스의 버스 정류장은 광고비로 설치되어요.

시청은 기업으로부터 광고비를 받아서 버스 정류장을 설치해요.
그리고 돈을 낸 기업은 정류장에 광고를 붙이지요.

이것은 좋은 일일까요? 나쁜 일일까요?
광고비로 정류장을 설치할 수 있었으니
무조건 광고가 나쁘다고 말하기 힘들어요.

분명한 건, 광고는 무료가 아니라는 거예요.
우리가 사는 제품의 가격에 광고비가 포함되어 있거든요.

기업이 광고를 중요하게 생각하면 제품의 가격도 올라가요.

광고는 누가 발명했나요

광고를 뜻하는 영어 단어 '퍼블리시티(publicity)'에는 대중을 뜻하는 '퍼블릭(public)'이라는 단어가 들어가 있어요. 즉, 광고를 하는 것은 어떤 정보를 대중에게 알리는 것을 말해요.

그뿐만 아니라 어떤 제품을 긍정적으로 소개해서 우리에게 사고 싶은 마음을 불러일으키는 것이에요.

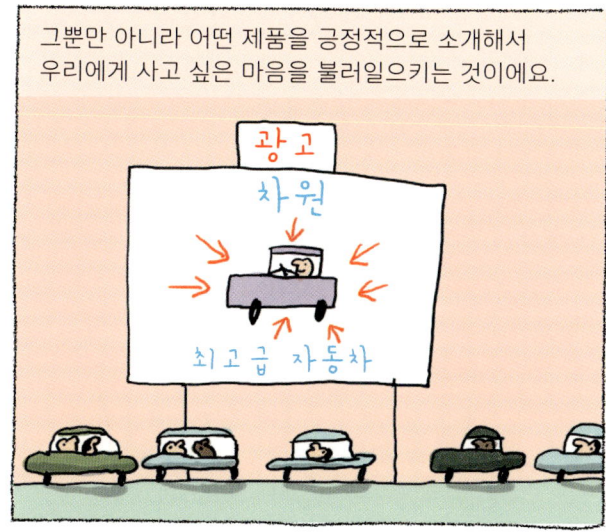

광고는 고대에도 있었어요. 검투사들의 시합을 벽에 그려서 알리곤 했지요.

중세에는 도시 광장에서 새로운 상품 소식을 전하던 사람들이 있었어요.

15세기에는 인쇄술이 발달하면서 광고 포스터와 전단이 등장했어요.

200년 뒤, 최초로 신문이 등장한 이후부터는 신문에 광고를 실었고요.

광고가 폭발적으로 늘어난 건 20세기부터예요. 라디오와 텔레비전이 발명되었기 때문이지요.

1930년대부터 미국의 기업들은 광고 회사와 일하기 시작해요.

광고 회사는 제품을 멋지게 포장해서 고객의 눈을 사로잡는 전략을 만들었어요.

또, 제품 간접 광고도 만들었어요. 영화 <007> 시리즈에 나온 고급 승용차처럼 영화 속에서 제품을 보여 주는 전략을 사용했지요.

오늘날 광고의 새로운 영역은 바로 인터넷과 에스엔에스예요.

인터넷은 '쿠키'라고 불리는 정보 파일을 분석해 사용자의 취향에 따라 광고를 보여 주지요.

머지않아 길거리에 맞춤형 광고판이 등장할지 몰라요. 소비자가 길을 지나갈 때마다 한 사람 한 사람에게 서로 다른 광고를 보여 주는 것이지요.

3장 사실 확인하기

보도 사진

신문이나 인터넷에서 사진은
실제 상황을 보여 주는 역할을 해요.

이미지 사진

© 게티이미지

햇빛 때문에 얼굴이 보이지 않아요.
특정한 인물을 보여 주지 않는 사진이에요.

한 개의 사진이 여러 주제에 사용될 수 있어요.
기사에 따라 사진 설명만 달라져요.

예 "연을 날리는 아이들."
"올여름에 아이들과 할 수 있는 야외 활동."
"프랑스의 연 판매량."
"연은 어떻게 만들까?"

풍경에도 특징이 없어요.
어디에서나 볼 수 있는 흔한 광경이에요.

게티이미지는 사진을 제공하는
에이전시 이름이에요. 게티이미지의 사진들이
이미지 사진으로 많이 사용되어요.

**이미지 사진은 특정 사건을 보여 주지 않아요.
어디에서나 볼 수 있는 흔한 장면을 담고 있어요.**

보도 사진

뒤쪽에 보이는 사람들이 이 행사에 많은 관중이 왔음을 보여 주어요.

2019년 4월 6일, 프랑스 북부의 베르크-쉬르-메르에서 제33회 국제 연날리기 축제가 열렸다.

© 필리프 위귀엥 / AFP

사진 밑에 적힌 짧은 글은 사진의 내용을 이해하는 데 도움이 되는 정보를 줘요. 이 글을 '캡션'이라고 해요. 캡션에는 사진이 찍힌 날짜와 장소 그리고 주제 등이 담겨 있어요.

저작권을 뜻해요. 사진을 누가 찍었는지 표시해요.

그다음에는 사진 기자의 이름이 나와요.

사진 기자가 일하는 통신사 이름이에요. 아장스 프랑스 프레스 (AFP, Agence France-Presse)는 프랑스의 통신사예요.

통신사는 하나의 에이전시로서 매체 없이 뉴스만을 생산하는 곳이에요. 주로 언론사와 계약을 맺고 사진이나 동영상, 기사를 유료로 제공해요. 언론사는 통신사로부터 받은 자료로 뉴스를 보도할 수 있어요. 우리나라 대표 통신사는 '연합뉴스'예요.

**보도 사진은 편집하지 않아요.
기자는 사진에서 인물이나 사물을 더하거나 뺄 수 없어요.**

사실 대 관점

사진은 사진을 찍은 사람이나 보는 사람의 관점에 따라 다른 사실을 보여 줘요.

하나의 사건, 두 개의 관점

두 가지 의미

사건

2019년 3월 7일, 프랑스 대통령이 국민 대토론회에 참석했어요.

사진 1

이 사진에서는 대통령의 얼굴만 보여요.
얼굴이 아주 작아 보이지요.
배경인 프랑스 국기가 크게 보여요.

↓

대통령이 혼자서 어쩔 줄 모르는 것처럼 보여요.
큰 국기가 대통령을 집어삼킬 것 같아요.
대통령이 문제를 해결하지 못할 것 같은 느낌을 주어요.

사진 2

이 사진에서는 대통령이 사람들에게 둘러싸여 있어요.
손짓을 하며 뭔가를 설명하는 모습이에요.

↓

대통령이 행동에 나선다는 인상을 줘요.
적극적인 대통령으로 보이지요.

사건

스웨덴의 청소년 환경 운동가 그레타 툰베리가 각국 정상에게 지구 온난화에 대한 대책을 마련하라며 시위를 벌였어요. 세계 각국의 청소년들이 툰베리의 뒤를 따랐지요. 2019년 3월에 독일에서 찍은 두 장의 사진이 있어요.

부감 촬영

2019년 3월 1일, 함부르크

사진 기자가 툰베리를 약간 내려다보는 각도로 사진을 찍었어요. 툰베리가 실제보다 더 작아 보여서 나이가 어리다는 점이 강조되었어요. 청소년이라는 점이 두드러졌어요.

앙각 촬영

2019년 3월 29일, 베를린

사진 기자가 툰베리를 약간 올려다보는 각도로 찍었어요. 툰베리의 키가 더 커 보여서 중요한 인물처럼 보여요. 마치 정치 지도자처럼 말이에요.

프레임 = 사진의 구성

사진은 프레임에 따라 현실을 다르게 보여 줘요.

클로즈업 숏

두 남자가 거리에 앉아 있어요.

롱 숏

뒷배경이 보여요. 두 남자가 위험에 처해 있음을 알 수 있어요.

2009년에 마다가스카르 국민들이 대통령에게 반대하는 시위를 벌였어요. 대통령은 시위를 진압하려고 경찰에게 시위대를 향해 총을 쏘라고 명령했어요.

진짜 사진과 가짜 캡션

인터넷에 떠도는 가짜 뉴스에는 진짜 사진이 실리기도 해요. 하지만 사진 설명은 가짜예요.

캡션 = 날짜, 장소, 주제 등 사진에 관한 중요한 정보를 짧게 정리한 글이에요.

눈 덮인 피라미드!

어? 진짜요?

이 사진은 진짜가 맞지만, 사실은 일본의 한 놀이 공원에 있는
축소판 피라미드를 찍은 것이에요.

가짜 뉴스라는 것을 어떻게 알 수 있을까요?

첫 번째 사진을 구석구석 잘 들여다봐요. 배경에 에펠탑 꼭대기가 조금 보여요.

인터넷에서 사진이 촬영된 날 피라미드와 스핑크스가 있는 이집트 기자의 날씨를 확인해 봐요. 앗, 그날은 햇빛이 쨍쨍했고 온도는 섭씨 26도였어요!

뭔가 이상하죠?

눈이 내리기에는 너무 따뜻하군요.

77쪽을 보세요.

사진을 역검색해 봐요.

75

사진이 진짜인지 어떻게 확인하나요?

사진을 공유하거나 '좋아요'를 누르기 전에 '이 사진은 진짜일까?'라고 생각해 봐요. 의심이 들면 공유하지 마세요.

사진을 보면……

질문을 던져요.

사진은 무엇을 보여 주나요?

어떤 상황에서 사진이 찍혔나요?

사진에 보이지 않는 것은 무엇인가요? 사진 주변에 무엇이 있었을까요?

사진을 찍은 사람은 무엇을 말하고 싶었을까요? 왜 다른 사진이 아닌 이 사진을 보여 주는 걸까요?

확인해요.

캡션에서 정보를 찾아요.

8월 28 — 날짜

모스크바 — 장소

사진에 나온 인물

러시아에서 여름을 보내는 교황 — 캡션의 주제

🔍 **삼드라 라부**
사진을 찍은 사람

단서를 찾아요.

장소

포스터에 어떤 언어가 사용되었나요?

아는 건축물이 있나요?

계절

사람들은 어떤 옷을 입었나요? 겨울옷? 여름옷?

검색해요.

검색어로 같은 주제에 관한 다른 사진들을 찾아요.

🔍 교황 2019년 러시아

이름을 쳐 봐요.

검색창에 사진 기자의 이름을 쳐서 정말 사진을 찍은 사람인지 알아봐요.

🔍 삼드라 라부

역검색을 해 봐요.

1 확인할 사진에 마우스를 대고 오른쪽 버튼을 클릭해요. '이미지 주소 복사'를 눌러요.

2 구글 사이트의 '이미지' 창으로 들어가요.

3 검색창 오른쪽에 있는 카메라 버튼을 눌러요.

4 '이미지 URL 붙여넣기'에서 복사한 이미지의 주소를 넣어요.

5 '이미지로 검색'을 클릭해요.

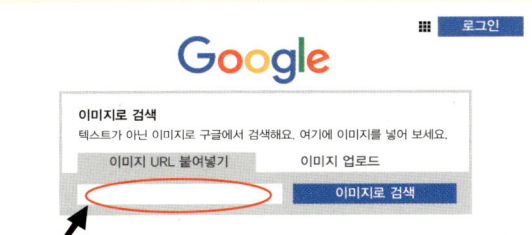 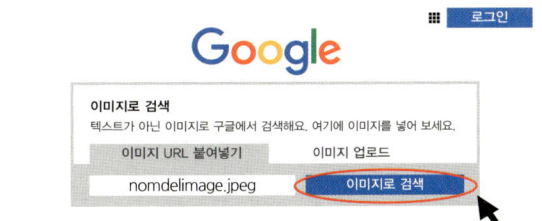

6 사진을 클릭해서 어디에 게시되었는지, 똑같은 캡션이 있는지 확인해요.

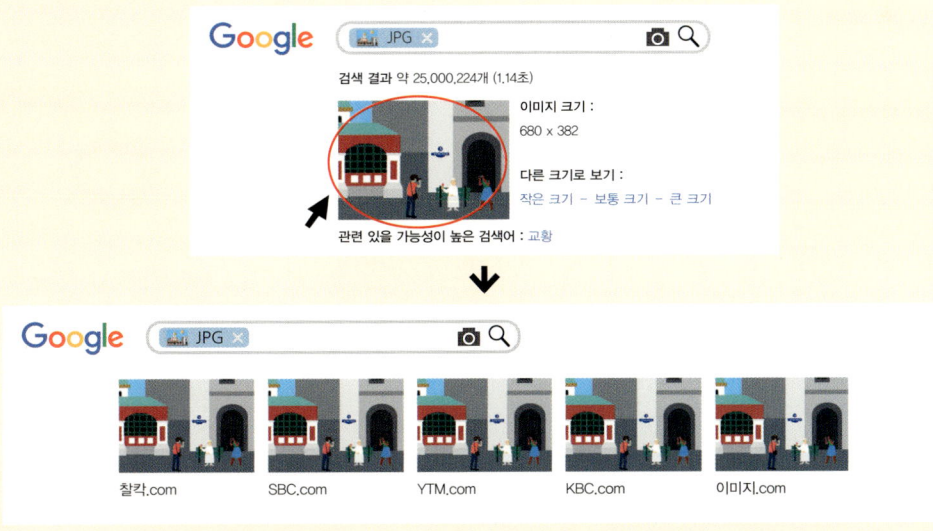

에스엔에스가 뭐예요?

에스엔에스는 인터넷을 통해 여러 사람과 교류할 수 있고, 메시지, 동영상, 사진 등을 주고받을 수 있는 온라인 서비스를 말해요.

대부분의 에스엔에스는 만 13세나 만 14세 미만의 어린이는 이용할 수 없어요.
나이가 어려 어떤 개인 정보를 알려 주어야 할지 결정하기 어렵기 때문이에요.

에스엔에스의 원리

레아가 새끼 고양이로 변장한 자신의 사진을 친구 30명이 있는 계정에 올렸어요.
클릭 한 번으로 30명에게 동시에 사진을 보낼 수 있지요.

사진을 받은 친구들 중 열 명이
각각 백 명의 친구에게 사진을 보냈어요.

그중 열 명이 다시 각각 백 명의
친구에게 사진을 보냈어요.

그중 열 명이 다시 각각 백 명의
친구에게 사진을 보냈어요.

결국 3000명이 레아의 사진을 받았어요.
레아가 직접 보내지 않았는데도 말이에요.

에스엔에스는 기업이 만들어 낸 서비스예요. 기업의 목적은 돈을 버는 것이고요.

노이즈 마케팅

= 같은 주제에 대해 많은 메시지가 오가요.
= 에스엔에스가 많은 돈을 벌어들일 수 있어요.

| 공유한 사람이 많을수록 | → | 에스엔에스는 더 많은 개인 정보를 모을 수 있어요. | | 그만큼 많은 개인 정보를 팔 수 있고요. | | 결국 더 많은 돈을 벌어요. |

에스엔에스는 어떻게 돈을 버나요?

에스엔에스 가입은 무료 아닌가요?

열여섯 살인 폴은 스냅챗이라는 에스엔에스에 무료로 가입했어요.

이메일 주소, 이름, 생년월일을 등록했어요.

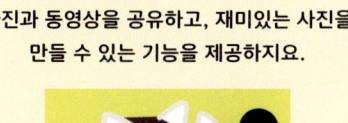

에스엔에스 앱은 휴대 전화에 저장된 사진이나 친구들과 주고받은 메시지, 위치, 주소록 등에 접근할 수 있어요. 이러한 것들이 바로 '개인 정보'예요.

스냅챗은 폴에게 서비스를 제공해요. 사진과 동영상을 공유하고, 재미있는 사진을 만들 수 있는 기능을 제공하지요.

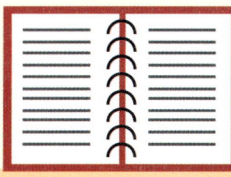

스냅챗은 폴의 개인 정보를 기업에 팔아요.

폴은 서핑을 좋아해요. 바닷가에 사는 폴은 해변에서 찍은 사진과 서핑 사진을 친구들과 교환하지요.

그럼 기업은 개인 정보를 이용해서 맞춤형 광고, 그러니까 폴이 관심을 보일 만한 광고를 만들 수 있어요.

서핑 상점이 새로 생겼어요. 폴은 문자 메시지, 스냅챗, 이메일 등으로 상점의 광고 메시지를 받아요.

"뭔가를 공짜로 받았다면 당신이 상품이다."
— 세스 고딘

2023년 세계 3대 에스엔에스

페이스북
사용자 29억 명

유튜브
사용자 25억 명

인스타그램
사용자 25억 명

유튜브는 어떻게 사용하나요?

만화, 학습, 뉴스, 음악 등 유튜브에는 없는 게 없어요.

일석삼조

유튜브

동영상 플랫폼

에스엔에스
계정을 만들어 다른 사람의 계정을 구독할 수 있어요.

검색 기능

검색 원리

유튜브는 검색 결과를 분류할 때 알고리즘을 써요. 알고리즘은 계산 규칙인데, 두 가지 종류가 있어요.

가장 많이 조회된 동영상

사람들이 가장 많이 본 동영상이 맨 위에 나타나요. 하지만 그 동영상이 반드시 진실만을 담고 있는 것은 아니에요.

뭘 봐? (공식 뮤직비디오)
조회 수 3500만 회

가장 좋아하는 동영상

검색 엔진은 우리가 무엇을 좋아하는지 알아요. 인터넷의 검색 기록을 저장했기 때문이지요. 우리가 어떤 동영상을 봤었는지 알기 때문에 우리가 좋아할 만한 동영상을 제안해요.

뭘 봐? (리믹스 버전)
조회 수 1500만 회

장점

맞춤형 검색

단점

우리의 생각을 제한해요. 내가 생각하는 것, 내가 좋아하는 것, 내 친구들이 좋아하는 것에서 벗어나지 않는 결과가 나오니까요.

새로운 발견이나 호기심을 막아요.

동영상 제목

동영상이
조회된 횟수

동영상을 좋아하는 사람과
좋아하지 않는 사람의 수

동영상을 만들어
올린 사람

동영상을 만든 사람에 대해
더 알고 싶다면
'더보기'를 클릭해요.

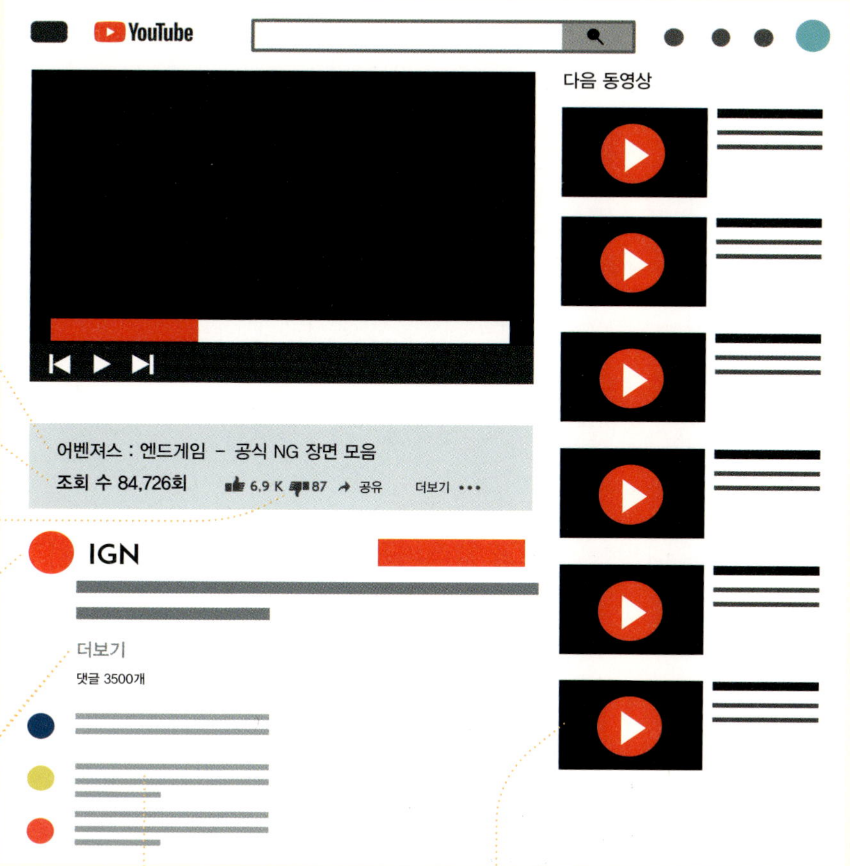

다음 동영상

어벤져스 : 엔드게임 – 공식 NG 장면 모음
조회 수 84,726회   👍 6.9 K 👎 87 → 공유   더보기 •••

IGN

더보기
댓글 3500개

동영상을 본
사람들의 의견

유튜브는 우리의 취향에
들어맞을 수 있는 비슷한 주제의
동영상들을 제안해요.

광고

광고
동영상이 시작되기 전에 나와요.
'광고'라는 말이 표시되어요.

보이지 않는 광고
일반 동영상과 비슷하지만 '더보기'를 누르면 '협찬'이라는 말이 나와요.
어떤 기업이 제품에 관한 동영상을 돈을 주고 만든 거예요. 이것도 광고예요.

검색 엔진의 예

구글   **콴트**

구글은 검색 기록은 물론 이름, 주소, 위치 등
수많은 개인 정보를 수집하고 기업에 팔아요.

콴트는 개인 정보를 팔지 않아요.
콴트 주니어는 어린이에게 맞는 콘텐츠를 제안해요.

뉴스에 나오는 사진과 영상은 어디에서 얻나요

신문에 나오는 사진과 텔레비전 뉴스에 나오는 영상은 기자들이 찍고 만든 거예요.

기자들은 카메라를 가지고 사건이 일어나는 현장으로 달려가서 사진을 찍거나 영상을 촬영해요.

이미지의 영향력은 아주 커요. 영어 속담에 "한 장의 사진이 천 마디 말보다 낫다."라는 말이 있을 정도지요.

예를 들어 종이 신문을 펼쳤을 때 가장 먼저 사진이 눈에 띌 거예요. 그다음에 크게 쓴 제목이 눈에 들어오고, 마지막으로 글을 읽게 되지요.

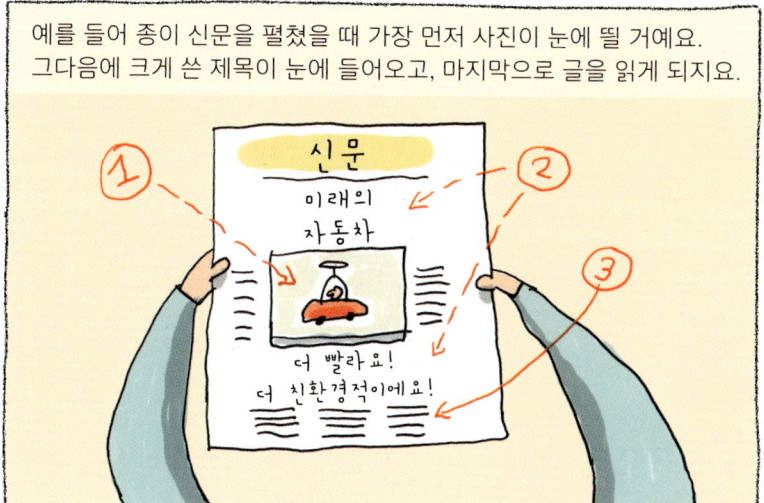

그런데 사진은 정말 현실을 그대로 보여 줄까요?

기자는 실제로 벌어진 사건을 알릴 의무가 있어요.

하지만 조심해야 해요. 사진을 조작하지 않아도 사진의 의미를 바꾸는 건 아주 쉬운 일이니까요.

아래 사진을 보세요.
콘서트를 구경하는 관객들일 수도 있지만 정부에 반대하는 시위자들일 수도 있어요.

사진은 반드시 그 의미를 이해할 수 있게 해 주는 설명이 있어야 해요.

요즘은 사진 설명이 더 중요해졌어요.
기자가 아닌 사람들이 사진을 찍고
영상을 촬영하는 일이 많아졌으니까요.

휴대 전화 덕분에
누구나 사건을 촬영해서
인터넷에 올릴 수 있게 되었어요.

인터넷에 올라온 사진과 영상이
텔레비전과 신문에 날 수도 있지만,
기자는 사실 확인을 한 뒤에 기사를 내보내요.

하지만 사실 확인을 하지 않은
사진과 영상이 인터넷에
올라갈 수도 있어요.
그래서 어디서 어떻게
사진과 영상이 만들어졌는지
확인할 필요가 있어요.

사진은 누가 발명했나요

? ? ?

최초의 사진은 1826년에 프랑스에서 촬영되었어요.
니세포르 니에프스라는 발명가가 찍었지요.

니세포르 니에프스
1826년

그는 암실에서 화학 물질을 잔뜩 바른 금속판으로 세계 최초로 사진을 찍는 데 성공했어요.

암실

그러나 그 당시 기술로는 몇 시간, 때로는 며칠을 기다려야 아주 흐릿한 사진 한 장을 겨우 인화할 수 있었어요.

카메라에 롤필름이 들어 있어 누구나 간편하게 사용할 수 있었거든요.
그때부터 많은 사람들이 사진을 찍기 시작했어요.

20세기 초에는 뤼미에르 형제가 컬러 사진을 찍을 수 있는 기술을 개발했어요.

그리고 1981년이 되어서야 지금처럼 사진을 디지털 이미지로 저장할 수 있는 최초의 디지털카메라가 나왔어요.

요즘은 스마트폰으로 사진을 찍고 즉시 인터넷으로 사람들과 공유할 수 있어요.

흑백 사진, 컬러 사진, 또는 사진 편집을 통해서 자신의 감수성을 표현할 수도 있지요.

인터넷이 왜 위험한가요

인터넷은 우리가 재미있게 놀고, 정보를 얻고, 다른 친구들과 소통하는 데 사용하는 훌륭한 도구예요.

하지만 함정이 가득한 세계이기도 해요. 인터넷을 잘 활용하려면 횡단보도를 건널 때처럼 조심해야 해요.

무엇이 위험하냐고요? 진짜 뉴스처럼 인터넷에 떠도는 가짜 뉴스가 우리의 생각을 조종할 수 있거든요.

* **예티** 히말라야에 산다고 전해지는 상상 속의 설인

컴퓨터에 몰래 설치되는
바이러스에 노출될 수도 있고요.

불편한 사진이나 동영상을
우연히 볼 수도 있어요.

또, 에스엔에스에서 나쁜 생각을 가진 사람이
친구인 척하면서 우리에게 접근할 수도 있어요.

그렇다면 어떻게 우리 자신을
보호할 수 있을까요?

좋은 습관을 기르면 되어요.
우선, 인터넷에서 개인 정보를 주면 안 돼요.

본 걸 다 믿으면 안 돼요.
의심이 들면 부모님에게 여쭤 봐요.

너무 좋은 메시지는 의심해요.
열어 보라고 보내 주는 파일에는
바이러스가 들어 있을 거예요.

잊지 말아요. 인터넷도 좋지만 컴퓨터를 벗어나서 할 수 있는 활동이 훨씬 많아요.

구글은 언제 생겼나요???

인터넷에서 정보를 찾고 싶을 때 구글에서 검색할 수 있어요.

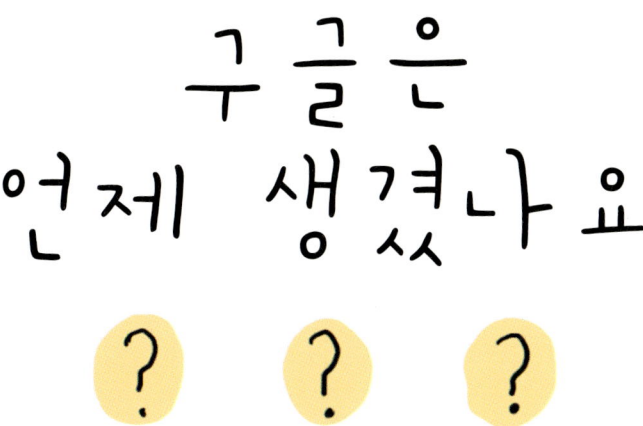

세계에서 가장 많이 사용되는 검색 엔진을 운영하는 기업 구글은 1998년에 미국의 대학생이었던 세르게이 브린과 래리 페이지가 만들었어요.

구글은 검색어나 질문을 넣으면 수많은 사이트와 블로그, 디렉터리로 연결시켜 줘요.

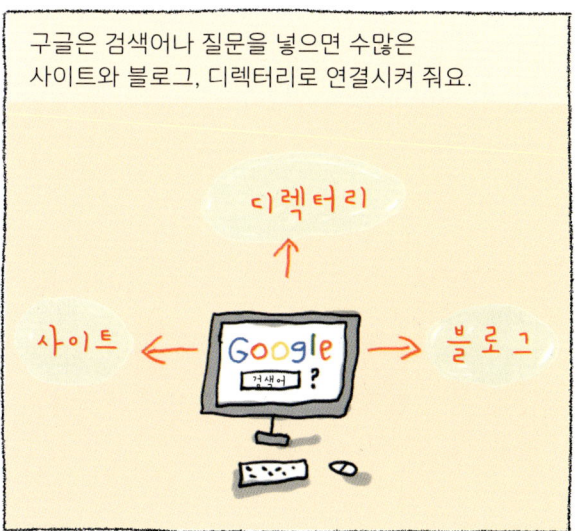

구글은 사전처럼 없어서는 안 되는 매우 뛰어난 도구예요.

구글은 어떻게 유명해졌을까요?

1997년 미국 스탠퍼드대학교에서 구글이 시험적으로 사용되었어요. 교수와 학생들의 반응이 아주 좋았어요. 그리고 주변 학교에도 입소문을 타고 빠르게 퍼졌지요.

1997년

하지만 검색 엔진은 수백만 페이지에 달하는 사이트를 연결해야 해요. 그러려면 비싼 컴퓨터가 아주 많이 필요했어요.

브린과 페이지는 자신들의 프로젝트를 여러 기업에 소개했지만 아무도 관심을 보이지 않았어요.

하지만 구글의 뛰어난 검색 기술을 알아본 사람들의 도움으로
두 사람이 직접 회사를 세울 수 있었어요.

구글은 기발한 광고 시스템으로
수백만 달러를 벌어들였어요.

매일 10억 명 이상의 사람들이
빠르고 사용이 간편한 구글을 사용하고 있지요.

구글은 구글맵이나 구글플레이북 같은
스마트폰 앱도 개발해서 현대인의 일상을 지배했어요.

영어 사전에 '구글하다'라는 동사가
들어갈 정도로 큰 성공을 거두었지요.

페이스북은 누가 만들었나요

마크 저커버그가 만들었어요.
미국의 하버드대학교에서 심리학과 컴퓨터 공학을 공부할 때였지요.

저커버그는 2004년에 하버드대학교 학생들만 볼 수 있는 인터넷 사진첩을 만들었어요.

이 발명품을 '페이스북'이라고 불렀어요.
페이스(face, 얼굴)와 북(book, 책)이라는 단어를 합친 거예요.

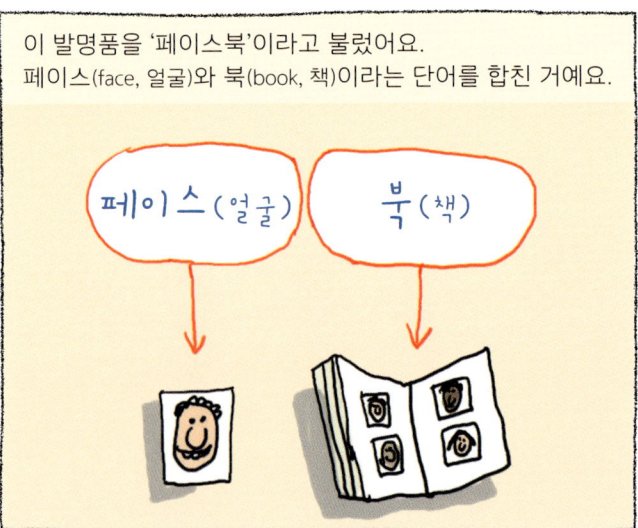

학생들이 이름, 나이를 등록하면 페이스북에 가입할 수 있었어요.

사진과 글을 올리면 친구들과 친구의 친구들이 볼 수 있었어요. 가입한 사람만 볼 수 있는 네트워크였지요.

새로운 소통 방식이었던 페이스북은 미국의 다른 대학교들로 퍼질 정도로 인기가 많았어요.

발명된 지 2년 뒤인 2006년에는 전 세계 모든 사람이 페이스북에 가입할 수 있게 되었어요.

마크 저커버그는 페이스북으로 인터넷의 새로운 활용법을 만들어 냈어요.

그 이후로 인터넷은 정보를 찾는 것뿐만 아니라 사람들끼리 친구를 맺는 데도 활용되었어요.

페이스북 회원들은 서로 친구를 맺고 정보, 사진, 동영상을 공유하고 이야기를 나눠요.

페이스북은 10여 년 만에 놀라울 정도로 영향력이 커졌어요. 이제는 생활의 필수품이 되었지요.

세계 1위 에스엔에스인 페이스북은 29억 명 이상이 이용하고 있어요. 중국 인구수보다도 더 많지요.

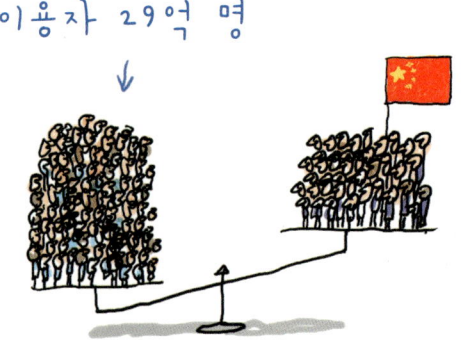

유튜브, 왓츠앱, 트위터 등 다른 에스엔에스들도 세계적인 인기를 누리고 있어요.

페이스북은 왜 만 14세 이상만 가입할 수 있나요?

페이스북은 세계에서 가장 많은 사람이 이용하는 에스엔에스예요.

23억 명 이상의 사람들이 친구들과 사진과 동영상을 공유하며 함께 즐겨요.

그런데 왜 어린이는 가입하지 못하나요?

왜냐하면 페이스북을 통해 여러 가지 활동을 할 때 사생활에 관한 정보를 많이 내놓게 되기 때문이에요.

예를 들어 어디 사는지, 누구를 만나는지, 어떤 음악을 좋아하는지, 고양이 동영상을 좋아하는지까지도 말이에요.

페이스북은 그런 정보들을 기업에 팔고, 기업은 그 정보들을 이용해서 맞춤형 광고를 내보내요.

하지만 미국의 법은 돈을 벌 목적으로 어린이의 개인 정보를 이용하는 것을 금지해요.

그래서 미국 기업인 페이스북은 법을 어기지 않기 위해 가입자에게 만 14세 이상인지 확인해 달라고 요청해요.

빨리 만 열네 살이 되었으면 좋겠나요?
하지만 다 클 때까지 기다려야 할 이유는 또 있어요.

예를 들면 페이스북의
친구들이 마음 아프게 하는
메시지를 보낼 수도 있거든요.

개인적인 사진 그리고……

홧김에 올린 글들을 나중에 내리고 싶어지기도 해요.

하지만 우리가
에스엔에스에 올린 건
평생 없어지지 않아요.
그래서 에스엔에스의
올바른 사용법을
배워야 하는 거예요.

사생활이 뭐예요

개인적인 생활과 정보를 말해요.

건강 상태, 좋아하는 사람,
개인 사진 등도 사생활에 포함되지요.

사생활은 공생활의 반대되는 말이에요.
공생활에는 아무 문제 없이
모든 사람과 나눌 수 있는 정보가 있지요.

그럼 공생활은 문제가 없나요?

그렇지 않아요. 공생활을 할 때도 내가 원하든 원하지 않든 나이와 사는 곳, 학력 등 개인 정보를 제공해야 하는 것들이 있어요. 그런데 모두가 다른 사람의 사생활을 존중해 주는 건 아니니까요. 나도 모르는 사이에 개인 정보가 유출되기도 해요.

다행히 다른 사람의 사생활을 캐고 다니는 것은 법으로 금지하고 있어요.

유명한 사람이라도 말이에요. 스타의 집에 찾아가 가족과 함께 있는 사진을 찍는 것도 불법이에요.

옆집의 우편함을 뒤지는 호기심 많은 이웃도 있지요.

그런 사람에게 법은 분명해요. 금지된 행동을 하면 벌금을 내거나 감옥에 갈 수도 있어요.

하지만 인터넷이 모든 걸 뒤흔들어 놓았어요. 인터넷에서는 개인 정보가 쉽게 유출될 수 있어요. 그리고 아주 빠른 속도로 퍼지지요. 법으로 통제하기 어려울 만큼 빠르게요.

➕ 우리나라는?

우리나라는 대한민국 헌법 17조가 사생활의 비밀과 자유를 침해받지 않을 권리를 보장하고 있어요. 또한, 헌법 18조가 통신의 비밀을 침해받지 않을 권리를 보장하고 있지요.

인터넷에서 사생활과 공생활을 구분하기가 점점 더 어려워지고 있어요.

유튜버도 직업인가요???

스타가 직업이냐고 묻는 것과 비슷한 질문이로군요.

유튜버는 노래, 연기, 운동, 메이크업 등 자신의 재능을 살려 영상을 찍고, 그 영상을 유튜브에 올리는 사람들을 말해요.

스타처럼 많은 사람에게 사랑을 받고, 그것이 그들의 힘이 되지요.

유튜브와 스타는 다르지 않나요?

맞아요. 유튜버는 대부분 처음에 혼자 일해요. 일을 할 때 누군가에게 고용될 필요가 없어요.

시청자들이 직접 콘텐츠를 보고 판단해서 스타 유튜버를 만들어 내지요.

그래서 유튜버는 시청자들과 아주 친밀한 관계를 맺어요. 성공의 비결이 무엇인지 아는 거죠.

시청자가 많아야 유튜버가 돈을 벌 수 있어요. 조회 수가 많을수록 더 많은 돈을 벌 수 있지요.

하지만 조회 수가 많다고 무조건
많은 돈을 벌 수 있는 건 아니에요.
유튜버가 아주 인기가 많다면 모르겠지만요.

그래서 유튜버들은 멀티 채널 네트워크, 즉 1인 창작자를
위한 기획사에 들어가기도 해요. 10에서 30퍼센트의
수수료를 내면 콘텐츠를 더 잘 판매해 주니까요.

멀티 채널 네트워크는 유튜버의 채널에
내보낼 광고나 제품에 대해서
기업과 협상을 벌여요.

그러면 유튜버는 돈을 더 잘 벌겠지요.

유튜버들은 개그맨, 스타일리스트, 진행자 등이
하는 직업 활동을 유튜브에서 하는 거예요.
그들에게 유튜브는 텔레비전이나 무대처럼
사람들을 만날 수 있는 수단이에요.

4장 정보 보호하기

자유롭기 위한 규칙

언론의 자유와 표현의 자유는 민주주의 사회에 매우 중요한 권리예요.

표현의 자유

여러 문헌에 명시된 권리

1789년	1948년	1950년	1966년
인간과 시민의 권리 선언	세계 인권 선언	유럽 인권 조약	시민적 및 정치적 권리에 관한 국제 규약

표현의 자유란 원하는 것을 자유롭게 말하고, 쓰고, 촬영하고, 사진 찍고, 발표하고, 게시할 수 있는 권리예요. 법으로 보장되어 있는 권리지요.

언론의 자유

모든 미디어의 기자들에게 표현의 자유가 보장되어 있어요.
우리나라는 대한민국 헌법 21조가 표현의 자유를 보장해요.

기자가 세계에서 일어나는 모든 사건에 관한 정보를 시민에게 알릴 권리예요.

기자를 보호해요.

기자가 본인이 쓴 글 때문에 위협을 받지 않아요.

시민에게 생각할 기회를 줘요.

시민들은 모든 정보를 읽고, 듣고, 본 뒤에 같은 사건에 대한 다양한 의견을 비교해 보고 각자 자신의 생각을 가질 수 있어요.

프랑스의 인간과 시민의 권리 선언

제11조
사상과 의사의 자유로운 소통은 인간의 가장 귀중한 권리 중 하나이다. 따라서 모든 시민은 자유롭게 말하고, 글을 쓰고, 인쇄할 수 있다. 다만 법이 규정한 경우에는 이 자유의 남용에 대해서 책임을 져야 한다.

우리에게는 권리가 있어요.

 어떤 사건에 대한 생각을 말할 권리

 동의하는지 동의하지 않는지 말할 권리

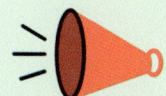 종교나 정치 지도자 등을 비판할 권리

 정부와는 다른 행동을 제안할 권리

**하지만 자유는 절대적이지 않아요. 자유는 법으로 제한되어 있어요.
예를 들어 다음과 같은 내용의 말이나 이미지를 공개하는 것은 금지되어 있어요.**

 혐오를 부추기고 살인을 교사하는 내용

 누군가를 괴롭히는 내용

 인종 차별, 여성, 유대인, 동성애자를 혐오하는 내용과 역사를 부정하는 내용

 개인의 사생활을 위협하는 내용

 부모의 허락 없이 아이의 모습을 보여 주는 내용

 개인의 평판과 명예를 해치는 욕설이나 모욕

 담배, 술, 마약을 긍정적으로 보여 주는 내용

 공공질서를 뒤흔들 수 있는 내용

표현의 자유에 제한이 없으면 민주주의는 존재할 수 없어요. 민주주의가 없으면 표현의 자유도 없고요.
표현의 자유는 나뿐만 아니라 다른 사람의 자유도 막지 않아요.

자유롭지 않아요.

모든 나라에 표현의 자유와 언론의 자유가 있는 것은 아니에요.
중국에서는 기자들과 인터넷 사용자들이 권력자들을 비판하면
검열을 당할 수 있어요. 그들의 메시지가 차단되거나 삭제되는 것이지요.
그들은 자신들이 가진 생각 때문에 폭력의 피해자가 될 수도 있어요.

기자의 권리와 의무

기자의 권리와 의무는 법과 윤리 강령으로 정해져 있어요.

윤리 헌장

1971년에 유럽의 기자들은 독일 뮌헨에서 윤리 헌장에 서명했어요.

뮌헨 윤리 헌장
1971년 11월 24일

기자의 의무 열 가지 중 다섯 가지

제1조 대중에게는 알 권리가 있으므로 기자 본인이 어떠한 대가를 치르든 진실을 존중한다.

기자는 가짜 뉴스를 보도하지 말아야 해요.

제3조 출처가 분명한 뉴스만 보도한다.

기자는 정보를 얻고 보도를 하기 위해 다양한 취재원을 가지고 있어야 해요.

제5조 개인의 사생활을 보호해야 한다.

기자는 누가 누구와 사귄다는 등의 정보는 보도하지 말아야 해요.

제7조 직업상 기밀을 지키고 비밀리에 얻은 정보의 출처는 밝히지 않는다.

누군가 위험을 무릅쓰고 정보를 주면 기자는 그 사람의 이름을 밝히지 말고 보호해야 해요.

제9조 기자라는 직업을 광고주나 선전원과 혼동하지 않는다. 광고주의 지시를 직접적으로나 간접적으로 따르지 않는다.

기자의 목적은 상품을 파는 것이 아니라 정보를 알리고 설명을 하는 것이에요. 예를 들어 어떤 신문이 사탕이 건강에 미치는 영향에 관해 조사를 하면 기자들은 원하는 기사를 쓸 수 있어야 해요. 많은 취재원을 취재하고, 사탕을 파는 기업의 영향을 절대 받지 않아야 해요. 기업이 그 신문에 광고비를 내더라도 말이에요.

기자의 권리 다섯 가지 중 두 가지

제1조 기자는 모든 정보의 출처에 자유롭게 접근할 수 있고, 공공의 생활에 영향을 미치는 모든 사건에 대해 자유롭게 취재할 수 있다.

기자는 자료를 쉽게 볼 수 있어야 하고, 지도자들을 쉽게 만나고 토론에도 쉽게 참여할 수 있어야 해요.

제3조 기자는 자신의 신념이나 양심에 반하는 직업적 행위를 하거나 의견을 내도록 강요당하지 않는다.

기자는 자유롭게 글을 써야 해요. 동의하지 않는 기사를 쓰지 않겠다고 거부할 권리가 있지요.

가짜 뉴스와의 전쟁

가짜 뉴스 처벌에 관한 법은 오래전부터 있었어요.
몇 가지 습관을 들이면
누구나 가짜 뉴스를 없앨 수 있어요.

법률

프랑스에서는 1881년부터 가짜 뉴스, 거짓말, 거짓 증거의 유포가 공공의 안녕을 위협할 때 법으로 처벌했어요.

예를 들어 가짜 뉴스가 군대를 혼란에 빠뜨리면 범인은 4만 5000유로에서 13만 5000유로, 우리나라 돈으로 약 6000만 원에서 1억 7000만 원에 이르는 벌금을 내야 해요.

개인의 명예를 해치는 정보를 퍼뜨리는 모욕 행위도 법에 따라 처벌을 받아요.

모욕죄를 저지르면 1만 2000유로에서 4만 5000유로, 우리나라 돈으로 약 1600만 원에서 6000만 원에 이르는 벌금형과 1년 이하의 징역형을 받을 수 있어요.

2018년부터 선거 3개월 전부터는 여론을 조작하기 위한 가짜 뉴스의 유포가 금지되었어요.

판사는 가짜 뉴스의 유포를 막을 권리가 있어요.

좋은 습관

인터넷, 글, 사진, 동영상을 볼 때

 진짜 뉴스인지 확인해요.

 의심이 가면,

 '싫어요'를 눌러요.

  확인한 정보만 공유하거나 '좋아요'를 눌러요.

 충격적인 콘텐츠는 가짜 뉴스 신고 센터에 신고해요.
https://report.kiso.or.kr/fakenews

팩트 체크 = 사실 확인

팩트 체크
제이티비시(JTBC)의 뉴스 프로그램인 〈뉴스룸〉의 한 코너예요.

http://news.jtbc.joins.com/factcheck

SNU팩트 체크
서울대학교 언론정보연구소에서 운영하는 정보 서비스예요.

http://factcheck.snu.ac.kr

체크 뉴스
프랑스의 일간지 〈리베라시옹〉은 독자가 질문하면 기자들이 대답해 줘요.

liberation.fr/checknews

팍튀엘
프랑스 통신사 에이에프피(AFP)는 인기 많은 동영상과 사진을 확인해요.

factuel.afp.com

호악스버스터
인터넷에 떠도는 헛소문, 가짜 뉴스를 중심으로 형성된 가짜 연대를 파헤치는 프랑스의 사이트예요. 이 검색 엔진에 어떤 주제에 관한 검색어를 치기만 하면 진짜인지 가짜인지 바로 알 수 있어요.

hoaxbuster.com

표현의 자유가 뭐예요

자신의 생각을 자유롭게 표현할 권리예요.

표현의 자유는 1948년에 국제연합(UN)에서 채택된 <세계 인권 선언> 제19조에 명시되어 있는 사람의 기본적인 권리예요.

누구나 자기 생각을 표현할 권리가 있어요. 하지만 다른 사람의 생각이 마음에 들지 않더라도 타인을 존중해야 해요.

그런데 표현의 자유가 왜 중요해요?

표현의 자유가 없으면 생각의 자유도 없기 때문이에요.
그러면 민주주의도 존재할 수 없지요.
국민이 아무 말도 할 수 없게 되니까요.

어떤 나라에서는 지도자들의 생각과 다른 생각을 표현하는 것이 금지되어 있어요.

이런 나라에서는 언론의 자유도 없어요.
신문들이 특정 사건은 기사로 쓸 수도 없고
권력을 비판하지도 못해요.

언론의 자유가 있어야 시민들이
자유롭게 자기 의견을 가지는 데
필요한 정보를 모두 접할 수 있어요.

그러기 위해 기자들은 규칙을 지켜요. 모든 주제를 다룰 수 있지만 아무 기사나 쓰지 않기 위해 정보를 확인하지요.

민주주의 사회에서는 신문이 독자들의 눈을 밝히고 시민들의 토론을 불러일으켜요.

프랑스에는 재미있는 만화로 시사를 다루는 <샤를리 엡도>라는 풍자 신문이 있어요. 민주주의에 꼭 필요한 신문이지요.

그런데 2015년 1월 7일에 테러 공격을 받고 말았어요. 열두 명이 죽고 많은 사람이 다쳤지요.

<샤를리 엡도> 테러 사건으로 프랑스 사람들은 큰 충격을 받았어요. 프랑스에서 표현의 자유를 대표하는 상징을 공격한 것이었으니까요.

왜 어떤 나라에는 언론의 자유가 없나요❓❓❓

민주주의 국가에서 기자들은 원하는 정보를 취재하고 보도할 자유가 있어요.

취재원의 신분을 밝히지 않을 권리도 있지요.

또, 보복을 두려워하지 않고 정부를 비판할 수 있어요.

하지만 증거 없이 누군가를 비난하거나 특정 인종에 대한 혐오를 부추기는 것은 금지되어 있어요.

만약 어떤 사람이 미디어에서 자신에 대해 말한 내용이 마음에 들지 않으면 그 미디어에 소송을 걸 수 있어요. 그러면 판사가 미디어에 대해서 잘잘못을 가려 주지요.

그러나 모든 나라가 언론의 자유를 보장하는 것은 아니에요.

북한이나 중국과 같은 권위적 국가에서는 정부가 검열을 해요. 정부가 허용한 것만 신문이 보도할 수 있지요.

이 규칙을 어긴 기자는 감옥에 갈 수도 있어요.

어떤 나라에서는 권력에 가까운 사람들의 심기를 불편하게 했다는 이유로 기자가 목숨을 위협받을 때도 있어요.

언론의 자유를 제한하는 정부들은 국가의 안전이 달린 문제라고 해명해요.

그런데 사실 권력자들은 시민들의 저항을 두려워하는 거예요.

독재 정권은 인터넷 접속을 제한하거나 금지해요. 시민들이 인터넷에서 해외 기사들을 보지 못하게 하려고요.

자유롭고 독립적인 언론에서 내보낸 뉴스를 접한 시민들은 권력에 굴복하지 않아요.

초상권이 뭐예요

사진이나 영상으로 찍힌 우리의 모습에 대한 권리예요.
우리의 얼굴이나 몸이 찍혔기 때문에 우리가 그에 대한 권리를 가지고 있어요.

사진이나 영상을 촬영한 사람이
우리의 허락을 받지 않고,
그 결과물을 인터넷에 올릴 수 없다는 뜻이에요.

우리는 미성년자이기 때문에 부모님의 허락을
받아야 해요. 부모님이 반대할 수도 있어요.

그런데 초상권은 어느 경우에나 적용이 되나요?

그렇지 않아요. 다행이죠? 그렇다면 기자들은 아예 일을 할 수 없을 테니까요.

찍힌 사람의 허락이 필요 없는 사진과 영상도 있어요. 그 사람의 존엄성을 해치지 않는다면 말이지요.

존엄성 해치지 않기

기자는 알 권리라는 이름으로 시사 문제를 보도하기 위해 사람들을 찍을 수 있어요.

시위 현장, 정치 집회, 전시회 같은 곳에서 사람들을 찍을 수 있지요.

개인 정보 보호가 뭐예요

에스엔에스, 검색 사이트, 온라인 쇼핑 사이트를 이용할 때 나 자신에 대한 정보를 줄 때가 있어요.

나의 이름, 나이, 주소, 방학 때 찍은 사진, 내가 쓴 글, 내가 좋아하는 것, 내가 싫어하는 것 등등이요.

개인 정보를 보호하는 것은 이런 정보들이 악용되거나 도난당하지 않게 하는 것이에요.

개인 정보는 어떻게 보호되나요?

2018년 5월 25일부터 모든 유럽 국가는 개인의 사생활 보호를 위해 똑같은 규칙을 적용해요.

이 규칙을 '유럽 개인 정보 보호법(GDPR)'이라고 해요.

이 규칙에 따라 인터넷 사이트와 앱은 활동에 필요한 정보만 수집할 수 있어요.

그리고 만 13세 미만 어린이에 관한 개인 정보를 수집하는 것을 금지하고 있어요. 만 14세 이상에서 만 16세 미만의 청소년은 보호자의 동의가 필요하죠.

또, 인터넷 사이트와 앱은 해킹에 대비해 개인 정보를 보호해야 해요.

유럽 시민이라면 누구나 자신과 관련된 정보를 회수해서 수정하거나 삭제할 권리가 있어요.

문제가 생기면 자신의 권리를 보호받을 수 있도록 도움을 받아요.

규칙을 어기는 기업은 몇십억 유로에 달하는 벌금을 내야 해요.

유럽은 개인 정보 보호를 시민의 기본권으로 인정해요.

우리나라는?

우리나라에도 '개인 정보 보호법'이 있어요. 개인의 동의를 받지 않고 정보를 수집하거나 활용하거나, 제3자에게 제공하는 것을 금지하는 법이지요. 이 법을 어길 경우, 5년 이하의 징역이나 5000만 원 이하의 벌금에 처할 수 있어요.

쏙쏙 용어 사전

게시
인터넷 사이트에 정보를 올리는 일.

광고
상품이나 서비스를 팔기 위해 만든 영상, 사진, 글이나 활동.

다원성
사물이나 현상의 원인이 여러 가지인 성질. 다양한 관점을 가진 수많은 미디어가 지닌 특징 중 하나예요.

동성애 혐오
같은 성별을 가진 사람을 좋아하는 동성애자를 증오하는 일.

리터치
사진을 변경하는 일. 예를 들어 어떤 사물이나 인물을 지우거나 덧붙여요.

미디어
신문, 잡지, 라디오, 텔레비전, 인터넷 등, 어떤 사실이나 정보를 담아서 수용자에게 전달하는 역할을 하는 매체.

반유대주의
유대인을 향한 차별 및 증오. 제2차 세계 대전 중 나치가 유대인을 대학살한 '홀로코스트'가 반유대주의의 대표적인 사례예요.

보도 자료
기업, 정부 기관, 시민 단체 등이 자신의 활동이나 의견을 언론에 알리기 위해 작성한 자료. 기자들은 자신이 원하는 취재원을 직접 접촉하여 기사를 작성하기도 하지만, 정부 기관이나 기업 관련 뉴스는 그들이 전달한 보도 자료를 바탕으로 작성하는 일이 많아요.

부정주의자
일반적으로 널리 존재가 인정되고 있는 역사적인 사건의 존재 자체를 부인하는 사람들을 일컬음. 특히 제2차 세계 대전 당시 나치가 유대인 600만 명을 학살했다는 사실을 부정하는 사람들을 말할 때 널리 쓰여요.

사생활
이름, 주소, 건강 상태 등 당사자의 허락 없이 보거나 공개할 수 없는 개인적인 정보.

선동
개인 또는 집단을 부추김으로써 특정 단체가 원하는 일이나 행동에 나서도록 하는 행위. 주로 부정적인 정보 조작을 통해 정치적 사상을 받아들이게 하거나 사람들을 설득해 이익을 얻으려 하지요.

성차별주의자
자신과 다른 성별의 사람들은 열등하다고 생각하고 주장하는 사람.

순위 매기기
뉴스를 중요도에 따라 순서대로 분류하는 일. 그 순서는 신문사마다 달라요.

스캔들
매우 충격적이고 부도덕한 사건.

시민
권리(투표할 권리, 자신의 의견을 말할 권리 등)와 의무(법을 지킬 의무, 세금을 낼 의무 등)가 있으며 자신이 사는 동네, 마을, 도시, 국가, 또는 세계의 삶에 참여하는 사람.

시사
그 당시에 일어난 여러 가지 사회적 사건.

신문 가판대
길에서 신문과 잡지를 파는 상점.

세계 인권 선언
1948년 국제 연합에서 채택된 인권에 관한 선언문. 지구상의 모든 사람들이 자유롭고, 평등하고, 존엄하게 살아가는 데 필요한 자유와 권리를 인정하고 보호하지요.

오피니언
어떤 사실에 대한 개인의 생각, 의견, 판단. 여론은 특정 시점에 대다수 사람이 공통으로 가지고 있는 생각이에요.

인터넷
전 세계의 컴퓨터가 서로 연결되어 사이트에 들어가고 메시지, 사진, 동영상을 주고받는 등 정보를 교환할 수 있는 컴퓨터 통신망.

1면
신문이나 잡지의 맨 앞 쪽.

정보 조작
사람들을 속이려고 정보를 바꾸거나 왜곡하는 일.

존엄성
모든 개인은 가치 있고 귀한 존재이며, 윤리적인 대우를 받을 권리가 있음을 나타냄. 나이, 성별, 정신적 또는 육체적 건강 상태, 사회적 지위, 종교, 태생에 상관없이 무조건적으로 존엄성을 존중받아야 해요.

취재원
정보의 출처. 취재원은 목격자, 전문가, 책, 정치인 등이 될 수 있어요. 기자는 기사를 내보내기 전에 다양한 취재원을 확보해야 해요.

캐리커처
어떤 사람이나 사건의 특징적인 부분을 강조하여 우스꽝스럽게 묘사한 그림이나 글.

편집국
신문 제작을 위해 여러 기자들이 모여 일하는 곳. 다룰 주제를 정하고 기사를 쓴 다음에 신문을 편집해요.

합성 사진
여러 사진이나 그림을 이어 붙여서 만든 이미지. 실제로 존재하지 않는 것을 얘기할 때나 가짜 뉴스를 내보낼 때 합성 사진을 써요.

홍보
제품 판매하기, 어떤 활동의 장점만 보여 주기, 정치적 생각을 설득시키기 등 분명한 목적이 있는 활동. 홍보는 출처가 있고 여러 관점이 있는 메시지인 뉴스와 달라요.

비상! 가짜 뉴스와의 전쟁

초판 1쇄 발행 2020년 6월 26일
초판 4쇄 발행 2023년 11월 6일

상드라 라부카리 글 | 자크 아잠 그림
오렐리 베르동 인포그래픽 | 권지현 옮김

편집장 천미진 | 편집 최지우, 김현희
디자인 최윤정 | 마케팅 한소정 | 경영지원 한지영

펴낸이 한혁수 | 펴낸곳 도서출판 다림 | 등록 1997. 8. 1. 제1-2209호
주소 07228 서울시 영등포구 영신로 220 KnK 디지털타워 1102호
전화 02-538-2913 | 팩스 070-4275-1693 | 전자 우편 darimbooks@hanmail.net
블로그 blog.naver.com/darimbooks | 다림 카페 cafe.naver.com/darimbooks

C'est quoi les fake news? © Editions Milan, France, 2019
Text by Sandra Laboucarie
Infographic by Aurélie Verdon
Illustrations by Jacques Azam

Korean Edition Copyright © Darim Publishing Co., 2020
All rights reserved.
Korean translation rights arranged with Éditions Milan S.A.S. through Icarias Agency, Korea.

이 책의 한국어판 저작권은 Icarias Agency 를 통해 Éditions Milan S.A.S. 와 독점 계약한 도서출판 다림에 있습니다.
저작권법에 의하여 한국 내에서 보호를 받는 저작물이므로 무단전재와 무단 복제를 금합니다.

ISBN 978-89-6177-236-5 (74300)

이 책 내용의 일부 또는 전부를 사용하려면 반드시 저작권자와 도서출판 다림의 서면 동의를 받아야 합니다.
책값은 뒤표지에 있습니다.

이 도서의 국립중앙도서관 출판예정도서목록(CIP)은 서지정보유통지원시스템 홈페이지(http://seoji.nl.go.kr)와
국가자료종합목록 구축시스템(http://kolis-net.nl.go.kr)에서 이용하실 수 있습니다. (CIP제어번호 : CIP2020021904)

제품명: 비상! 가짜 뉴스와의 전쟁	제조자명: 도서출판 다림	제조국명: 대한민국
전화번호: 02-538-2913	주소: 서울시 영등포구 영신로 220 KnK디지털타워 1102호
제조년월: 2023년 11월 6일	사용연령: 10세 이상

※ KC마크는 이 제품이 공통안전기준에 적합하였음을 의미합니다.

⚠ 주 의
아이들이 모서리에 다치지
않게 주의하세요.